今できる限り一番良いものを子どもたちに

熊本・小規模保育所「ころぼっくる」

一昨年の４月に熊本市の地域型保育事業を引き受け、
0･1･2 歳児の小規模保育園として開園した保育園です。
『ころぼっくる』とは、北海道に住む蕗の下の妖精のことで、
〝やまなみこども園の妖精番〟になります。

FREELY

季刊 保育問題研究

2018.2

No.

289

編集●全国保育問題研究協議会編集委員会

新読書社

Rebornをつたえて

山並さやか（熊本保問研・やまなみこども園ころぼっくる）
Sayaka Yamanami

熊本城へと続く電車通りを車で走っていたら、道路わきに並んでいる銀杏の黄色の葉がまるでフーっと息を吹きかけられたように風を受けて飛ばされ、青い空へと舞い踊る。こうやって季節は巡ってゆくのだなとそのきれいさとはかなさにアクセルを緩めながら見入っていました。

熊本保問研ができたのが約三〇年前です。熊本には元々『保育研究サークル』という団体があって、松本由紀子さんや山並道枝さんを中心にして活動していたそうです。そこへ東京から赴任してきた若き研究者の宮里六郎さんと、同じく東京保問研にいらした大江多慈子さんの二人の研究者を迎えて、その保育研究サークルを前身とした『熊本保問研』が誕生したと聞いています。

前回熊本で全国集会をしたのが二〇〇四年です。宮里実行委員長のもと、歓迎行事で『わらしべ王子』の劇を熊本の保育者四〇人、プラス援助スタッフ一〇人あまりでしたことを今でも深く覚えています。その時につながった違う保育園の数名とは今でも保育なかまを越えた〝ともだち〟として私にとってたいせつな〝人生の同志〟でもあります。

数年前からもう一度熊本で全国集会をしたいという話が出ていました。その矢先の二〇一六年の熊本地震。

二〇一九年に熊本で再び全国集会をすることは、全国の保育なかまの皆さまへの恩返し、また再生した熊本の街をぜひ見ていただきたいという願い、さらに被災して傷ついた保育なかまがこの集会をきっかけに再びつながりあって元気になってゆけたらという希望をもこめての決断でした。

四季折々にうれしさもせつなさもあるように、私たちにも暗闇と光があると思うのです。たくさんのなかまがReborn（再生・復活）して、新たな一歩をふみ出す集会になれば……と青い空を見つめながら思って見ています。（やまなみ・さやか）

連載

基調提案

投稿論文

編集委員長＊入江慶太　常任編集委員＊早瀬眞喜子・脇　信明・宮崎憲子・亀谷和史・長濱　恵　編集部＊伊集院郁夫
口絵写真＊（熊本・やまなみこども園ころぼっくる）／本文イラスト＊ハナヤマカズミ・しおたまこ

特集

便利な生活と子どもの育ち

近年、習い事をしている子どもの割合が増し、メディアでも園選びの際に英語や体操など特別なカリキュラムがあることが魅力として取り上げられています。その一方、子どもたちの心身の発達や育ちの土台として重要な生活が、保育の場で注目されることが少なくなってきているように感じます。

あらためて現代の子どもたちの生活をみると、家庭で過ごす時間（生活）より保育施設にいる方が長く、より園での生活が長時間化する傾向にあります。保護者の労働環境や家庭状況の困難さがあるなかで、子どもらしい生活をどのように保障していくことができるのでしょうか。

今の子どものくらし、一日まるごとの生活のありようをもとに、園ではどのような生活が子どもにとって大切なの

かを考えることが必要なときにきているのではないでしょうか。つまり、今まさに生活を豊かにする保育内容の構造化が求められていると考えます。

また現代文明は、生活の便利さを追求・進化させましたが、生活は本当に豊かになったのでしょうか？　一例ですが、紙おむつを使用すれば、漏れずに快適に過ごせる時間が長くなりました。ただ一方で、子どもが不快感を得にくく、排泄の自立が遅れているという事例があります。子どもが排泄、食事や着脱衣など毎日繰り返される生活の基本行動をどのように取得していくかということは、子どもの心身の発達や自立において重要な視点です。子どもにかかわるおとなは、自分たちの生活が便利になるという視点だけでなく、子どもにとっての豊かな生活をどのように選びとっていくかという視点を忘れてはなりません。

本特集「便利な生活と子どもの育ち」では、便利に変化していく「今の時代の生活」が、子どもの育ちにとってどのような変化や影響をもたらしているのか。どのようにして子どもの豊かな生活を創り上げることができるのかを探りたいと考えます。

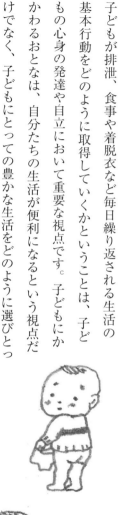

特集　便利な生活と子どもの育ち

大切なのは「無駄」な体験

利便性と効率性のかげで

山中吾郎
Gorou Yamanaka
（大東文化大学・文芸教育研究協議会）

はじめに

編集部から『季刊保育問題研究』への執筆依頼をいただきました。しかし私は保育現場のことはまったく知りません。小学校に長年勤めてはいましたが、大学で教員養成の仕事に就いて、もう六年です。子どもたちのリアルな現状を語るには、現場を離れてからときが経ちすぎました。専門領域に近い「絵本の選び方」とか「絵本をどう読むか」という内容なら何か書けるかもしれませんが、いただいたテーマは「便利な生活と子どもの育ち」ということで、文芸教育の研究に携わる私は完全に門外漢です。本来なら、この依頼はお断りした方がよいのかもしれません。

それでも、私のこれまでの経験や研究を何とかテーマと結びつけて考察してみることにしました。

そういった事情ですので、本拙稿は読者のみなさまにとっては、やや的外れに感じる内容になるかもしれません。そこはどうぞお許しいただければ幸いです。

1「便利さ」と「豊かさ」

さて何を書こうかと考えていたところ、一冊の書籍が目に留まりました。日本生活教育連盟の機関誌『生活教育』です。二〇一七年一二月号の特集テーマは「見直したい手仕事」で、巻頭の「特集の趣旨」には次のように書かれていました。

> 子どもたちの手先が不器用になっている。それは、生物としての退化として論じることではなく、経験がこれまでと比べて極端に少なくなった経験不足によるものであると考えている。一九七〇年代前後から言われてきたことではあるが、この一〇年でその危機が加速しているように感じる。

本当に「子どもたちの手先が不器用になっている」のか、「この一〇年でその危機が加速している」のか、具体的なデータが示されているわけではありません。しかし、以前と比べると年齢相応の作業に手間取る子が増えたとか、予想外の原因でケガをする子が目立つようになったというような傾向は、子どもにかかわる仕事をする人なら感じているのではないでしょうか。

私が出会った子どもたちのなかにも、ぞうきんがしぼれない子や定規で直線が引けない子、スキップができない子などはいましたし、その数は年々増えていたような印象があります。そしてその原因は、発達上の困難や個人の能力などの問題ではなく、先の引用にあるように、子どもたちの体験不足からくるものであろうと推測されます。

以前勤務していた小学校の教員間で、子どもたちのトイレの使い方が話題になったことがあります。学校の和式トイレが使えない（家のトイレは洋式だから）、使った後に流さない（家のトイレは勝手に流れるから）、トイレットペーパーを交換できない（家のトイレは最新式でワンタッチだけど学校のものは旧式で難しいから）という子どもたちの姿は、実は考えてみれば当たり前のものでした。体験していないことはできないし、初めて体験することには慎重な態度になるものです。

人間の生活は、より便利で快適に進化していくものですから、少し前の世代が体験したことを現在の子どもたちが体験しないこと、体験する必要がなくなることがあるのは当然です。ぞうきんがしぼれなくても、他に便利な道具はたくさんあるし、それほど遠くない未来にはロボットが掃除をしてくれるようにもなるでしょう。定規がうまく使えなくても、パソコンがあればどんな図形でも描けます。子どもたちから「三K（汚い・くさい・暗い）」との悪評が高い学校のトイレも全国的に改修計画が進んでおり、快適で便利なトイレに変わっていくでしょう。

では、前の世代がしてきた体験は、便利な現代社会に生きる子どもたちにとって価値のないものなのでしょうか。

須藤敏昭さん（大東文化大学名誉教授・子どものあそびと手の労働研究会（手労研）代表委員）は、かつては社会のなかで主要な生産と生活の方法であった「手仕事」を学校で教えることの意味について次のように整理しています。

過去の遺産のような手仕事の技や知恵は学校では教えなくてよいという考え方もあろう。（中略）しかし学校というところは、ある意味で特殊な場である。現在や近未来の現実社会のなかでは主流でも優勢でもなく、「役に立ちそうもない」知識や技でも、それが人類史のなかで基礎的・基本的なものならば学校

で教えてきたし、教える意味があるといえよう。

「手仕事」に代表される「役に立ちそうもない」体験は、人間が育つ土台として継承する価値があることを示唆しています。

また、安藤咲子さん（東京・わらしこ保育園）は、自身の勤務する保育園での実践を紹介しながら、次のように述べています。

最近は、必要なものは何でも揃うし便利な世のなかです。しかし、便利さのなかで失っていくものの大きさを出会う子どもたちの姿から実感します。（中略）毎日の生活のなかでたくさん身体を使いあそぶなかで子どもたちは自分の身体を動かすことが大好きになっていきます。楽しみながら生活をつくる事のなかで、自分の身体の主人公となれるようなそんな毎日を大切にしていきたいです。

「便利で豊かな生活」というものが想定される一方で、「不便だけど豊かな生活」もあり得るし、「便利だけど豊かでない生活」だって想像できます。つまり、生活の便利さと豊かさの間には直接の因果関係はないということです。現代社会が便利さを追求する社会であるからこそ、「文化遺産」としての手仕事（須藤論文）を継承しながら、生活のなかに息づく子どもらしい体験を保障することが、豊かな育ちに結びついていくのでしょう。便利さの裏にある効率性や実用性のみの価値観の呪縛から自由になり、一見無駄に見えたり、遠まわりに思えたりする体験を積み重ねることにより、子どもたちが「自分の身体の主人公」（安藤論文）となっていくのではないでしょうか。

2　豊かな体験とことばの育ち

私が所属して学んでいる文芸研は国語科教育の実践研究団体です。文芸研には辻恵子さん（千葉県公立小学校教員）という作文教育の第一人者がいます。辻さんが以前担任していた一年生、かなさんの作文を次に紹介します。この作文は、「うちの人のしごと」という生活科の学習において、「見て、聞いて、まねをしてごらん」とうちの人の働きぶりに学ばせ、子どもたち自身もその仕事を手伝うという体験をすることで生まれました。うちの人と自分の仕事のやり方を比較して認識し、それを綴ることで家族と自分の労働を見つめさせることがねらいであると辻さんは述べています。

てつだい　　かな

①せんせいあのね、きょう　てつだいをしました。
ほうちょうで　じゃがいもときゃべつを　きりまし
た。②おかあさんは、とんとんとんと　きりました。
わたしは、とん。とん。ときりました。③わたしも
おとなになったら、とんとんとんと　きれるんだね。
おかあさんのことをみて、わたしもはやく　とんと
んとんと　きりたいなと　おもったよ。④おかあさ
んは　手をきりそうなのに、へいきできっています。
わたしは　手をきりそうでした。どうして　おかあ
さんは　手をきらないんだろう。ふしぎだなあと　こ
ころのなかで　おもいました。⑤はやくおとなになっ
て、きれいにきりたいなと　おもったよ。

（改行、および①〜⑤の番号は辻さんによる）

二つの声喩（オノマトペ＝擬音・擬態語）が見事です。②では軽やかに野菜を刻む「とんとんとん」と、たどたどしい「とん。とん。」が対比され、手慣れた母親と未熟な自分の違いが表現されています。③でも「とんとんとん」がくり返され、おかあさんのような巧みな技を身につけたいという憧れが伝わってきます。⑤の「はやくおとなになって、きれいにきりたいな」という願いは、速く切りたいというだけでなく「きれいに」切りたいという仕事の質にまで目を向けたもののようです。

おそらくかなさんは、意図して声喩を使い分けてい

るのでしょう。その独創的な表現は、辻さんの優れた指導の反映でもあるのですが、母親が野菜を切る体験をさせてあげなければ生まれてこなかったものであるとも言えます。小学校一年生の子どもに包丁を持たせるのは安全面でも心配ですし、食事の準備という観点で見れば決して効率的ではないでしょう。それでも母親自らが手本を見せ、野菜を切る体験をさせてあげたことで、かなさんのことばが紡がれたのです。

　もちろん、ここでかなさんの作文を紹介したのは、手作りの食事を推奨したいからでも、ましてや性別役割分担を肯定したい意図からでもありません。社会構造が変化し、家族の多様化も進んでいる現代社会においては、家庭での食事についてもさまざまな選択肢があって然るべきです。利便性や効率性、経済性などを考慮して、スーパーでカット野菜を買うこともあるし、総菜コーナーで買った料理が食卓に上ることもあるでしょう。野菜を刻む手本を子どもに見せるのが、父親となるケースもあるわけです。かなさんの家庭環境まではわかりませんが、彼女の作文が確かに示してくれていることは、豊かな体験が子どものことばの育ちにつながるということです。

　作文教育と同様に、文芸教育においても子どもたちの体験は大きな意味をもちます。文芸研でも、子どもたちの生活体験の不足によって作品を読み深められないことが実践上の課題として挙がってきていました。体験不足では実感的なことばが育たないのです。

　絵本としても超ロングセラーで、保育現場でも親しまれている「おおきなかぶ」（ロシア民話）を例にしてみましょう。「おおきなかぶ」は、小学校国語科教科書を出版している五社すべてで採用されている定番教材です（光村図書版は西郷竹彦訳、それ以外は内田莉莎子訳）。小学校一年生の国語科の授業では、子どもが身振りをつけながら読んだり（動作化）、おじいさんたちになりきって読んだり（劇化）する学習活動がよく行われますが、教師が「身体も動かして読みましょう」と呼びかけなくても、「うんとこしょ、どっこいしょ。」

という会話文を、子どもたちは全身を揺すって元気な声で読んでくれます。

この「おおきなかぶ」の授業の成立も、子どもたちの体験の豊かさが鍵を握ります。作品中の人物に同化するための下地は、子どもたち自身の体験にあるからです。友だちと力をあわせて重たいものを運んだ体験や、学級のみんなが心一つに何事かに集中して取り組んだ体験を経ていなければ、「うんとこしょ、どっこいしょ。」の音読は生き生きとしたものにならず、あまくておおきなかぶが抜けたときの喜びを心から共有することもできないでしょう。

子ども時代の日常的な体験は、おとなから見れば無駄にさえ思える、取るに足らないものがほとんどかもしれません。しかし、それらの体験を積むプロセスが子どものことばの育ちにつながるのです。生活の便利さと教育の効率性を追求するあまり、さまざまな「無駄」を排除していくことは、子どもたちの豊かな体験の芽を摘むことになってしまいます。私たちおとなは、子ども時代の「無駄」の豊かさを見直さなければいけません。

3 便利な未来と子どもの育ち

ある日の大学の風景です。数人の学生が額を寄せあい何かしています。何をしているのか尋ねると「期末試験に向けた勉強をしています」とのこと。よく見ると彼らが囲んでいるのは一台のスマートフォンで、ある教師の授業を録音した音声がそこから流れているのでした。その教師に対して失礼ではないのかと感じながら、そういうものはノートにメモしないのかと問うと、「ノートはまったくとっていない」と言います。教師の書いた黒板も授業の最後に写真を撮って記録するそうです。

学生たちの行為に対して何となく釈然としない気持ちを抱えたまま、私はその場を立ち去ったのですが、その後ゆっくり考えてみたところ、私には彼らを非難する資格はないことに思い当たりました。私だってスマートフォンとパソコンがなければ、もう仕事はできないのです。せっかく便利な道具があるのに、わざわざ面倒な方法を選択しようとも思いません。科学技術の進歩による便利さを享受しているという意味では、私と学生たちは同じ立場なのです。それに学生たちは「記録」という作業をスマートフォンに任せただけで、自分自身で思考することを放棄したわけではありません。考えようによっては、便利な道具を賢く使いこなしている姿であり、新しい科学技術と上手につきあっているとさえ言えます（無断で録音や撮影をしたことの是非という倫理的な問題は残りますが）。

科学技術の進歩はめざましく、未来の生活はますます便利になりそうです。特にＡＩ（人工知能）の進化は人間の生活に劇的な変化をもたらすと言われています。「子どもたちの六五％は将来、今は存在していない職業に就くだろう」とか、「今後一〇～二〇年で、日本の労働人口の四九％がＡＩやロボットで代替可能になるだろう」とか、「二〇二〇年代のうちにＡＩは人間の知能を追い越すだろう」といった予測がつぎつぎに発表されており、私たちはその変化にどう向きあっていくのか考える必要があります。

先に引用した『生活教育』の「特集の趣旨」で、「子どもたちの手先が不器用になっていることは「一九七〇年代前後から言われてきた」と指摘されているように、便利になる生活と子どもの育ちとの関係についてはこれまでも各所で論じられてきています。しかし、これから先の未来、ＡＩの進化に伴う変化が子どもたちにどのような影響を与えるかについては予測ができません。だれも経験したことがないのでわからないのです。

ただし、私が前項まで述べてきた①便利さを追求する社会にあっても、豊かな体験こそが子どもの育ちにつながる②利便性と効率性のかげで排除されがちな「無駄」な体験にこそ価値があるという二点については、未来に予測不能な変化があったとしても変わらないように思います。どれだけ便利な社会になったとしても、否、利便性と効率性が優先される社会であればあるほど、自分の目で見て、自分の身体を通して感じ、自分の頭で考える体験を子どもたちに保障することが重要となるでしょう。AIの性能は、遠回りせず最短距離で求めるべき解答にたどり着く速度で判断されます。まったく無駄がありません。しかし人間の子ども時代には、一見無駄にも思える、役に立ちそうもない、遠回りの体験があったほうがよいのです。

二〇二一年に東大受験に合格することをめざして開発が進められていたAI「東ロボくん」が二〇一六年にプロジェクト続行を断念した理由は、読解力を東大合格レベルまで引き上げる方法を現時点ではどうしても見つけられないことがわかったからです。「東ロボくん」が読解力のなかでも特に苦手な分野は、類推することとイメージすることと状況判断だそうです。人間には可能でもAIが苦手ということは、この三つが最も人間らしい特性ということなのかもしれません。そしてこれらの力は、子ども時代の「無駄」な体験のなかでこそ育まれるのです。

（やまなか・ごろう）

参考・引用文献

須藤敏昭（二〇一七）「手仕事と子どもの成長・発達」日本生活教育連盟編『生活教育』八二九号・生活ジャーナル

安藤咲子（二〇一七）「手仕事につながる心と体～〇歳からの取り組み～」日本生活教育連盟編『生活教育』八二九号・生活ジャーナル

辻恵子（二〇一七）「子どもを育てる作文指導③入門期の作文指導」文芸教育研究協議会編『文芸教育』一一三号・新読書社

朝日新聞（二〇一七・一一・一〇）「AI時代『好き』こそものの上手なれ」

特集　便利な生活と子どもの育ち

「新品文化」に抗する「いたばし青空学校」の同時代史

和田　悠（立教大学）
Yu Wada

長男の自然体験キャンプデビューの失敗

私の父は子煩悩といわれる部類では決してなかった。子どもや家庭ではなく、自分のために生きることを優先させた。そんなこともあってか、私自身子どもの頃に家族で野外キャンプや登山などに出かけて父から何かを教わるという経験をもっていない。

その私の長男が小学校二年生のとき、あるＮＰＯ法人が運営する四泊五日の夏の自然体験キャンプに息子を行かせた。都市生活をあたりまえに生きている長男には思い切って自然に親しみ、キャンプを楽しんでほしい、親からは教えてもらうことのできないアウトドアのスキルを得てきてほしい。そんな思いでいた。

長男と初めて別れて暮らした四泊五日を終えて迎えにいった。だが、その顔がなんとも冴えない。「面白かったよ！　来年もまた行きたい」と飛び込んでくる姿を想像していただけに拍子抜けした。昼ごはんを一緒にとりながら「キャンプで何が一番楽しかった」と尋ねる。私の期待と長男の様子は違っていたのでやや苛立って詰問調だったかもしれない。その答えは、行きと帰りのバスで視聴した『名探偵コナン』のビデオだった。これには正直、参ってしまった。家庭では組織することのできない自然体験をしてほしいとの思いで送り出したのに、『名探偵コナン』の映像の視聴であれば私でも十分に対応できる。

こうした長男の反応に接すると、自然体験キャンプについての粗が見え始めた。送迎のバスターミナルではピストン輸送のようにキャンプ地から戻って来るバスと、キャンプ地へと送られるバスとが忙しく行き交っていた。搭乗の案内をしていたのはいかにも学生のアルバイトという風情でどこか頼りなく、子ども一人ひとりが大事にされているという安心を保護者として感じることがなかったことも思い出されてきた。

ＮＰＯ法人は利潤追求それ自体を目的とはしない。とはいえ、法人を維持運営していくためには一定の収益をあげなくてはいけない。当該のＮＰＯ法人は二〇〇〇年代初頭に設立され、それ以降は事業とその規模を拡大していった。夏の自然体験キャンプは七月から八月にかけて十二週にかけて行われるが、参加者は一〇〇〇人を超える。

自然体験キャンプには子どもの活動を見守るおとなの指導員が必要不可欠である。そのＮＰＯ法人では、毎年数多くの高校生や大学生のボランティアを募集している。ボランティアに対しては法人として独自の研修を行なっている。とはいえ、毎年度の募集ということもあり、一時に大量の指導員を誕生させてキャンプの対応にあたっているという印象も拭えない。

こうしてみると、一〇〇〇人超の大量の子どもたちを少数の専属スタッフと数多くの高校生や大学生のボランティアで捌いている構造が浮かび上がってきた。このような人間配置はチェーンの飲食店やフランチャイズの学習塾を想起させる。収益事業として自然体験キャンプを成立させていくなかで代表理事の「思想」や「哲学」が運営の実際によって裏切られるということは果たしてなかったのだろうかという疑念も湧いてくる。

現在は小学校四年生になる長男に二年前の自然体験キャンプについての感想を求めた。「川あそびは面白かったけど、キャンプとしてはつまらなかった」という。もう一度行く機会があったらどうかと質問をすると、「キャンプとして改善しているならば考えてみてもいいけど、そのままならば行きたくない」ときっぱりと答えた。

長男を夢中にさせた「いたばし青空学校」

その長男は小学校三年生の夏から縁あって「いたばし青空学校」に参加するようになった。「いたばし青空学校」は長男にとって何よりも楽しい場所であり、これまで二年連続で参加している。これからも「青空学校」に参加し続けたいという。

現在の「いたばし青空学校」は二泊三日の自然体験キャンプである。運営にあたって子どもの自主性を尊重することを理念として掲げている点では先述したNPO法人のそれとなんら違いはない。だが、同じ宿泊型の自然体験キャンプでありながら、一方は楽しく、もう一方はつまらない。何がこの差になっているのだろうか。

もちろんこれはあくまでも私の長男の経験でしかない。子どもは本当に多様であって、それだけに多様な居場所を必要としている。先のＮＰＯ法人の自然体験キャンプに満足し、繰り返し参加している子どももいる。その点で長男の経験を絶対化する議論は一面的であるとの誹りを免れることはできない。とはいうものの、「いたばし青空学校」には現在の「便利な生活」のなかで育っている子どもの飢えを満たす何かがあることもまた間違いないように思われる。

長男を夢中にさせた「青空学校」の経験とは何か。本稿ではこの個人的な経験を足がかりに「便利な生活と子どもの育ち」という普遍的なテーマに接近したい。具体的には「いたばし青空学校」の同時代史を描きながら、編集部からの依頼である「子どもの文化に対するおとなの構え」について思索をめぐらせたい。

「いたばし青空学校」の出発とその初心

佐藤功『どろんこと太陽と―板橋青空学校の記録』（よつば新書、一九八〇年）という実践記録が刊行されている。同書は第一回から第五回までの「青空学校」についての詳細な記録である。二〇一八年の夏で第四五回を迎える「青空学校」の歴史を踏まえると、同書は「青空学校」の草創期を扱っていることになる。まずは同書に依拠しながら、「いたばし青空学校」の出発とその初心を確認したい。

「いたばし青空学校」（当初は板橋青空学校と表記）は一九七四年に第一回が行なわれた。

一九七〇年代から八〇年代にかけて各地域で「青空学校」が開設された。「青空学校」の内容は各地域によって一定のバリエーションがあるが、さしあたり、異年齢集団による夏の交流体験学習と定義することができる。プログラムのなかにキャンプやテント泊を取り入れるものは多かった。

各地域での「青空学校」のモデルとなったのは、一九七一年に東京大学駒場地区キャンパスで開校された「青空学校」である。その関係者によって一九七二年には「少年少女組織を育てる全国センター」が設立された。その母親は「少年少女組織を育てる全国センター」主催の「青空学校」で飛躍的に成長した我が子の姿に触発され、居住地である板橋にも「青空学校」を実現したいとの提案を行なった。その発言を受けて「板教組」では組合運動の年間方針のなかに「青空学校」を位置づけ、教育運動の一環として取り組むことになった。こうしたことから初期の「青空学校」の指導員には現職教員、とりわけ小学校教員の姿が多く見られた。

ここで特筆すべきは、「青空学校」の開設にあたってリーダーシップを発揮し、初代校長をつとめた鈴木孝雄（一九三一～一九七八年）の存在である。鈴木は板橋区の小学校教員で、「板教組」の理論的支柱でもあった。また、同時代の日本生活教育連盟（日生連）を代表する実践家として知られ、『学級文化活動と集団づくり——学級新聞〝ブタとアヒル〟の物語』（明治図書、一九六七年）、『一年生の四季——その生活と学習』（草土文化、一九七七年）などの実践記録を著した。教育学者の

誕生した。その母親は「少年少女組織を育てる全国センター」が設立された。各地域の「子ども会」や「少年団」の組織化に取り組む一方で、「青空学校」を教育運動として提起し、その牽引役を果たすことを活動の目的としていた。

板橋ではこうした流れを受けて、一九七三年の春に「板橋に少年少女組織を育てる地域センター準備会」が発足した（センターの設立は一九七五年）。教師や父母、学童保育の指導員、子ども会の指導員などがメンバーの中心であり、工場労働者の姿も見られた。

他方で、東京都教職員組合板橋支部（板教組）は「父母と教師が手を結んでこそ、子どもたちの明るく豊かな発達が保障され、未来に生きる力を育て上げることができる」という確信のもとに地域に根ざした教育運動を展開していた。一九七〇年代前半は父母と教師でつくる教育を求めて「教育懇談会」が地域で開かれるなどの動きも見られた。

「いたばし青空学校」は、一九七三年夏の「板教組」合宿研究集会最終日での一母親の発言を直接の契機に

新井孝喜は、「あそびを重視して子どもの意欲を引き出し、学習の入り口とし、行事や文化的実践活動によって家庭や学級の人間関係を豊かにし、手作りの諸活動や労働で、モノや自然に直接触れるという構造[1]」を有している点を鈴木実践の特質として指摘している。

こうした「鈴木イズム」ともいうべきものは、初期の「青空学校」のプログラムによく反映されている。

「青空学校」の学習内容としては、「集団のあそびのおもしろさ、ダイナミックさ」、「自然の大きさ、きびしさ」、「自然に働きかけてきた人類発展の歴史の重さ、祖先の知恵や技術の偉大さ」、「手作り活動のおもしろさ、技の大切さ」、「自分たちの手と頭を駆使して、ものごとを成し遂げる喜び」、「友だちや仲間のあたたかさ、きびしさ」、「生活や労働のきびしさ、汗の快さ、美しさ」などが挙げられ、初期のプログラムには、竹弓づくりとそれを用いた竹弓合戦、わら草履づくり、オカリナづくり、竹箸と竹コップの制作、脱穀・製粉から手作業で行なううどんづくり、手製したはた織り機での布織り、魚とり、いかだづくり、カブトムシ捕りといったものが用意されていた。活動場所は板橋区内を中心に、板橋区と近接する荒川沿いの埼玉県南部にも出かけた。

鈴木は右のような「青空学校」におけるあそびと労働の体験の意義について、「原始共同社会的体験をさせるなかで、〝食べる〟ことの重みと〝力を合わせる〟ことの大切さを実感させたい[2]」と説明している。以下ではこの発言の含意を掘り下げることで、「いたばし青空学校」の射程を測定してみたい。

「反時代的」な実践としての「いたばし青空学校」

一九六〇年代の高度経済成長を経て、一九七〇年代は不況で始まる。だが、企業は減量経営と輸出拡大によって欧米よりも少し早く不況から抜け出し、一九八〇年代になると日本社会は経済大国へとのぼりつめて

いく。こうした過程は、「単身赴任」「過労死」という言葉が社会に登場し、「企業社会」が成立するのを意味した。

こうした時代のなかで子どもの発達の危機は問題化する。(3)「便利な生活」によって子どものこころとからだが蝕まれているとの認識が教育の世界を席巻するようになった。

具体的には、土踏まずの形成が遅くなっている子ども、背筋力が足りずに授業中にちゃんと座っていられない「背中ぐちゃ」の子ども、「手が虫歯になっている」と言われた靴ひもを結べず、鉛筆を削れない手先の不器用な子どもといったこれまでにはない子どもの姿や育ちが学校で観察報告されるようになった。

また、一九八〇年代になると中学受験が身近なものになってくる。地域差はあるが、小学校中学年からの塾通いが顕著になるのはこの頃からである。小学生のうちから受験勉強の世界に投げ込まれるようになっていたのである。その一方で、小学校の高学年からの学習意欲の低下という問題も指摘された。

一九八〇年代初頭は「学力の土台というべきもの」が崩されつつあることがよく言われた。それは、子どもにとって切り拓くべき「生活」や、一人前として成長する場としての「地域」が成立しなくなった日本社会の現実を言い当てたものであった。子どもたちは生活基盤を失い、そのことで主体性を発揮できなくなった。それは「棄民・流民」の経験と言い換えられるものであり、ここに現在につながる子どもの生きがたさの根源がある。

だが、こうした子どもの生きがたさの問題は置き去りにされた。子どもの世界への消費社会の浸透は一九八〇年代を通じて加速し、消費社会は子どもを「お客様」として遇するようになった。それは企業にとって商品を売りつける絶好の対象に子どもが位置づけられたことを意味する。

シールがおまけに封入されているチョコレート菓子「ビックリマンチョコ」が発売されたのは一九七七年である。一九八〇年代にはシールの収集やシールの交換が子どもたちのあそびになり、「ビックリマンチョコ」は爆発的な人気商品になった。子どものブームを見越して「偽シール」を販売し、当時の金額で二億円を稼ぎ出したおとなまでもが登場した。一九八三年には、テレビ画面を利用した家庭用ゲーム機であるファミリーコンピューター（ファミコン）が登場する。ファミコンは子どものあそびの世界に深く浸透し、放課後に友だちの家に集まって交代でファミコンをするのがあそびのスタンダードになっていた。子どもたちはつぎつぎと面白いソフトを買い求めるようになる。企業は子どもの消費者としての欲望を掘り起こすことに躍起になっていった。

こうした日本社会の現状を「新品文化」と概念化し、「精神的成熟が難しい社会状況」になっていることを洞察したのは思想史家の藤田省三であった。

藤田によれば、「全ての人がもはや生活に関しては「ホモ・ファーベル」（「作る人」の意のラテン語で「工作人」と訳される―引用者註）ではない。私たちが身につける物は尽く製品として与えられているし、私たちを取り巻いている生活手段のすべては電話ボックスの如くガスレンジの如く、一つの完結した装置として与えられている」のであり、このような「既成性と所与性」に特徴づけられる「新品文化」にあって、人びとは「物（或いは事態）と人間との相互的な交渉」である「経験」を手にすることができない。したがって「精神的成熟」もまた困難となるというのが藤田の時代診断であった。

このように初期「青空学校」が置かれていた文化状況を復元するとき、「青空学校」では「本物の体験」を「教育」として地域のなかで組織化しようとした鈴木孝雄と呼ばれていたところの「原始共同社会的体験」を「教育」として地域のなかで組織化しようとした鈴木孝雄の意識性や実践性が鮮やかに浮かび上がってくる。

鈴木にとって「青空学校」は「経験」の機会を奪う同時代の「便利な生活」に抵抗する「反時代的」な教育実践として構想されていた。言い換えれば、既存の社会秩序や構造を自明なものとして扱うのではなく、

それらを問い直し、目に見える範囲で展開している社会に適応する社会性とは異なる「もうひとつの社会性」を育むような「もうひとつの学校」を自前で作ろうとする試みが「青空学校」であったといえる。

子どもが主役の「いたばし青空学校」

もう一つ、「子どもの文化に対するおとなの構え」にかかわって「いたばし青空学校」の初心を指摘したい。前掲、佐藤功『どろんこと太陽と』では、子どもにとって「青空学校」とは何かを自問し、つぎのように答えている。

① おとなのお仕着せでなく、子どもたち自身がつくり上げる学校。
② いたずらやのびのびしたあそびにあふれた自由な学校。
③ 「こんなことができたらなァ」という夢を実現させ

るために、みんなが協力しあってがんばる学校。

同時代には「青空学校」のほかに「ひまわり学校」というものがあった。こちらは、全国生活指導研究協議会（全生研）が一九六八年から地域子ども運動として展開していたものである。地域における教師と父母の共同を理念とする点では「青空学校」に通じる点もあるが、班・核づくり方式による規律ある集団をめざしていた点では「いたばし青空学校」とは大きく異なる。「少年少女組織」ときけば「ピオニール」を想起する場合も少なくないだろう。だが、そのイメージは「青空学校」よりも「ひまわり学校」にふさわしい。

　教育学者の高井良健一は、「子どもの要求にとことんつきあう鈴木の実践においては、子どもの学習は、知識の習得というよりはむしろ、子どもの世界構築の営みであった」[5]と述べている。こうした鈴木の発想と論理は「青空学校」にも通じており、子ども一人ひとりの要求を汲み取り、「青空学校」におけるあそびや学びを組織しようとしていた。

それに加えて鈴木は、「子どもの既成概念を打ち砕く」ような「独特の切込み」のできる教員であった。たとえば、第一回目の「青空学校」の開校式では「この学校は、いたずら学校です」と宣言し、指導員である教員が「早く○○しなさい」「○○してはいけない」と口にしたときには、あるいはまた子どもが「先生、○○していいですか」と言った場合には、おたがいにマジックで顔にバツ印を書き入れるというあそびを行なっている。既存の学校秩序を異化するようなユーモアのセンスが鈴木にあったことは「青空学校」の体質を作るうえで重要であったように思われる。

「いたばし青空学校」の衰退とその要因

『どろんこと太陽と』が一九八〇年に刊行されて以降の「いたばし青空学校」はどのように展開したのだろうか。(6)

同書のなかでは、「青空学校でやるようなことを、身辺で日常的にやれる場」として「少年団」、「子ども会」を位置づけ、それを板橋区内各地域に広めていく抱負が語られている。また、「青空学校」を三つの地域分校に分ける構想も発表されている。

だが、このような見通しのように実際は進まなかった。

初期の「青空学校」の子どもの参加者数は一〇〇名規模であった。参加希望者が殺到したために定員を設けた回もあった。現在のような都心にはない自然を求めてキャンプ形式での二泊三日のスタイルが定着したのは一九八二年の第九回からである。子どもの参加者数の規模に対応するのに草創期のような多様なプログラムを用意するのは準備に限界があり、一定の形式を必要としたように思われる。

「青空学校」の参加者は一九九〇年代を経て、二〇〇〇年代半ばにかけて漸減していく。二〇〇五年の第三二回は子どもの参加者が二〇名を切るところまできた。その要因として大きいのは、「青空学校」を始めた頃と比べて教師の社会的位置や学校現場の世界（常識）が大きく変わってしまったことであろう。

「青空学校」の運動は、「板教組」の教育運動の一環に位置づいていたからこそ一九七〇年代から一九八〇年代にかけて大きく盛り上がった。しかしながら運動にとって到達点と課題は表裏一体の関係にあり、「板教組」の組織率がじりじりと低下し、地域教育運動を牽引するだけの力量に乏しくなると、「青空学校」の参加者も減っていった。そこに教員の多忙化をつけ加えることもできるだろう。「青空学校」の指導員に現職教員が多かったことは先述したが、彼らの参加は次第に難しくなっていった。

以上に加えて、学校現場への管理統制の強まりという側面も見逃せない。以前であれば、板橋区内の現場教員たちは「青空学校」のチラシを校内や教室で撒くことができた。指導員でもある担任教員が自らの学級の子どもを「青空学校」へと誘うことも可能であった。「青空学校」の子どものなかには、年に一度、かつての恩師との再会を期して参加するものも少なくなかった。

しかしながら、部活動を除く教育課程外で教員と生徒が一緒に活動し、人間関係を構築する営みから教員は次第に遠ざけられていく。裏を返して言えば、教員はその活動領域を学校や教室に封じ込められていく。草創期から「青空学校」に指導員としてかかわり、現在までそれを続けているのは教員ではなく、学校事務職員である点も象徴的なことである。

さらにいえば、「青空学校」を側面支援してきた母親たちの少なくない部分は、子どもを「のびのび」と育てたいと思いつつも一段と厳しくなる受験競争のなかで子どもを必死に受験勉強に駆り立てる側に不本意ながら回らざるをえなかったようにも見える。

かくして「青空学校」は当初の存立基盤を失うことになった。しかしながら、藤田のいう「新品文化」は日本社会の支配的文化であり続けている。したがって「青空学校」の存在意義もまた決して失われたわけではない。「青空学校」という「もうひとつの学校」を私たちの社会はいまなお必要としている。

蘇生し、深化する「いたばし青空学校」

一九七〇年代から八〇年代にかけて隆盛した「青空学校」であるが、現在まで続いているものは少ない。「いたばし青空学校」はその稀有な例で、初心を継承しながら時代に合わせてそのあり方を更新していくことで運動体としての命脈を保つことができた。近年の参加者は基本的に人伝てによるもので、三〇名超で安定している。繰り返し参加する子どもが多いことも特徴である。指導員のあいだでも参加する子どもの顔と名前が一致している。

以下では現在の「青空学校」について四つ指摘する。

一つは、指導員の七割ちかくが「青空学校」卒業生であり、しかも身銭を切って「青空学校」に恒常的に参加していることである。現在の事務局責任者である山田真人さんは小学校五年生だった一九八四年から現在まで連続参加している。

二つは、その山田さんは指導員会議を定期的に開催し、何でも言いあえる指導員の仲間づくりと、単なるボランティアの仕事には留まらない子どもへのかかわりかたを追求している点である。当初の「青空学校」は教員中心の指導員構成であったが、現在ではさまざまな職業を持ったおとなたちが指導員の役を担っている。小学生や中学生にとって「青空学校」は人生の多様性と出会う契機にもなっていることもあわせて指摘しておきたい。

三つはスムーズな世代交代の実現である。「青空学校」の創設期の事務局を担ったのは「団塊世代」にあたる教員ないし学校事務職員であったが、二〇〇〇年頃から「団塊ジュニア」の世代の山田さんを筆頭に若い世代に運営の中心が移り、「団塊世代」がそれを支えるという体制になった。運動体として自己刷新能力を発揮することができたのは、「青空学校」が今日にいたるまで継続している条件として決定的に重要である。

四つは、一つ目で指摘した「青空学校」の卒業生が指導員として運営にかかわっていることとも密接にかかわっているが、これまでのプログラムをかつての「青空学校」の子どもの目線でとらえ返し、これまで以上に子どもの主体性や自発性を尊重するあそびや学びを実現しようとしている点である。

山田さんが運営の中心になる前まではハードスケジュールが一方的に組まれていた。それは顔の見える関係を構築することが難しかった参加者規模が大きかった時代のプログラムの名残であった。指導員が首尾よく段取りをつけることで、数多くの自然体験プログラムを子どもたちに提供し、体験してもらう。子どもはハードスケジュールを乗り切ることで充実感や満足感を得る。こうした発想と論理にもとづいて「青空学校」が運営されていた。

だが、こうした「青空学校」の運営に対して山田さんは指導員を経験するなかで疑問をもつようになる。具体的には、「青空学校」は「おとなのお仕着せでなく、子どもたち自身がつくり上げる学校」を理想として掲げているものの、その実「自然体験」を押しつけるものになっていないか、子どもの側からすれば、プログラムをこなすというような非対話的なあそび方、学び方になっていないかというものであった。

教育学者の田中昌弥は、「人が育つ過程にはのびのび安らかなあそびの時間が必要であり、外的な目的に従属させた段階で失われてしまうものがあることをわれわれは思い出すべきだ[7]」と述べているが、この言葉は現在の「青空学校」が大事にしている子どもに対する向きあい方をよく表現している。何かに追われるのではなく、自ら考えて動くための「余裕」は現在の「青空学校」が大切にしているものであり、子どもへの社会的な管理統制が強まるなかでそれがもつ意味は大きい。

実際に二〇〇八年の第三五回からプログラムによる

縛りをゆるくし、食事のメニューなども各班に委ねられるようになった。近年は文字通り「子どもたち自身がつくる学校」にするべく、子どもと指導員が相互主体的に交渉し、プログラムを創造する自由が行使できるような運営がより一層、意識されている。
以上のことは全くの白紙の状態から出発するということではない。「いたばし青空学校」は一回完結の、毎年夏に出現する一過性のイベント（新品！）ではないのである。四〇年以上もの長い「青空学校」の歴史のなかで、子どものあいだで受け継がれてきた「伝統」とでもいうべきあそびや労働、プログラムがそこにはある。言うまでもないが、その「伝統」は墨守するものではなく、子どものあたらしい要求によって毎回の「青空学校」で組み換えられ、更新されていくものでもある。このような子どもによる「文化形成」の場であるところに「いたばし青空学校」の現在の到達点はある。

おわりに

現在、冒険あそび場、こども食堂、子ども哲学など、子どもを主役にしようとするあそびや学び、取り組みが身近なところで始まっている。しかしながら、それらがもっと本式なものになるためには、「思想」や「哲学」が、あるいはまた新しい生き方を模索し、文化を形成しようとする「情念」が必要ではないだろうか。

本稿を執筆し得たのには、実践記録である『どろんこと太陽と』が著されていたことが決定的である。また、現在も「青空学校」が続いていることも有利に働いた。だが、それだけではない。「いたばし青空学校」に出会い、運動の担い手に聞き取りを行なうことができたのは、著者である私自身が板橋で市民運動を行なっていることと関係している。聞き取りをお願いした白井さんとは地域の学童保育運動を通じて、武田さんとは「戦争法」に反対する運動を通じて出会った。かつての地域教育運動の担い手は現在もなお地域のさまざまな運動にかかわっているのである。とはいえ、地域に根ざし、地域からよりまともな子どもの育ちや人間らしく生きられる社会を作っていく。このような構想力と実践力が地域のなかでいま格段に落ちていることも間違いないことである。

人びとが豊かに育ちあえる地域社会を自前で作りあげるには、それに見あった歴史が地域で語られ、聞かれる必要があるのではないだろうか。歴史がないところで人は世代を超えてつながり、社会の問題に共同で立ち向かうことはできないからだ。換言すれば、もうひとつの社会を形成する営みと結びついた「歴史実践」が地域で求められているのであり、そうした実践のなかでこそ運動の芯となる、受け継ぐべき「思想」や「哲学」、そして「情念」は見えてくるはずである。本稿はこうした「歴史実践」の一つである。

私たちが暮らす足元の地域を掘り起こすと、今のわたしたちには見えない、あるいは、命脈が一度は途絶えてしまった子どもを豊かに育てようとする地域の多様な取り組みに出会えるのではないか。以上のことを、本稿を執筆するなかで考えるようになった。「いたばし青空学校」のような取り組みは大なり小なり各地域にあった。板橋は確かに最先端を走っていたが特殊では決してない。

そして私は、これからも地域の運動の現場で出会う人たちの歴史や経験を聞き取りながら、その人たちとともに子どもが主役になる文化を、希望ある時代を紡いでいきたいと考えている。

（わだ・ゆう）

参考文献

（1）新井孝喜「子どもの生活を育てる学級文化活動―鈴木孝雄実践に生活科の原点を探る」『茨城大学教育学部紀要（教育科学）』第四四巻、一九九五年三月、二三六、二三八頁。

（2）鈴木孝雄「板橋青空学校の実践から」『生活教育』第二七巻第九号、一九七五年九月、四二～四三頁。

（3）以下、窪島務『現代学校と人格発達―教育の危機か、教育学の危機か』（地歴社、一九九六年）、序章「発達の危機と学校の見直し」を参照。

（4）藤田省三「新品文化―ピカピカの所与」『みすず』第二四七号、一九八一年二月、同「今日の経験―阻む力のなかにあって」『思想の科学』一二号、一九八二年九月を参照。

（5）高井良健一「教職生活における中年期の危機―ライフヒストリー法を中心に」『東京大学教育学部紀要』第三四巻、一九九五年二月、三二八頁。

（6）本稿を執筆するに際して、「いたばし青空学校」の立ち上げメンバーで、当時「板教組」の青年部長であった武田仁さん、同じく立ち上げメンバーとして第一回から参加し、学校事務職員で板橋少年少女センターの事務局長を務めた白井吉宗さん（現校長）、現在の「いたばし青空学校」の事務局責任者で、フリーカメラマンを生業としている山田真人さんに聞き取りを行なった。以下の叙述はそれらをもとにしている。

（7）田中昌弥「「学力」から「脱力」へ―野口三千三の論と八光流柔術を手掛かりに」『教育』第七四八号、二〇〇八年五月、三九頁。

＊ 文中写真提供／山田真人

特集　便利な生活と子どもの育ち

変わりゆく時代のなかで、変わらず大切にする子どもの眠り

波多野靖明
Yasuaki Hatano
（兵庫保問研・あひる保育園）

先日、劇団むすび座の『アラビアンナイト』を観てきました。ランプから現れた大男は、ご主人様のどんな願いでも叶えていき、貧しい暮らしから豊かで便利な生活をもたらしてくれました。しかし、食べるものや着るもの、ほしいものは何でも手に入る暮らしとは反対に人との繋がりや縁は薄れていき、幸せとは一体何か？　を考えさせられる内容でした。

私も知りたいことがあれば何でもすぐに答えを見つけてくれるスマートフォンを手に入れました。昔のように、電話で話をすることや本を読み返すこと、辞典で調べることは少なくなり、ＳＮＳ（ソーシャル・ネットワーキング・サービス）での人との交流がメインで、

それを〝繋がり〟と呼ぶ時代を生きています。

私のパパ友だちは「便利な世のなかやで～！　仕事から戻ったらタイマーでご飯が炊けてて、寝てる間に掃除機が勝手に掃除してくれて、起きたら洗濯が完了している。でもまだ忙しいから、あとは干して畳んでくれる機械がほしい」と言っていました。便利な生活は新しい時間をもたらしてくれたはずですが、おとなは子どもに「忙しい！　早くして！」と言っています。長時間かけていたことが短縮されることで得た時間は、子ども達との幸福な時間に当てられているのでしょうか？

日本人の平均睡眠時間は年々短くなり、働き盛りの三〇代～四〇代は七時間未満になっています。今は夜の眠りが〝睡眠負債〟として脳のパフォーマンスが低下したり、がんや認知症などの病気のリスクが高まったりする可能性があると着目されています。生活や暮らしが大きく変化するなか、あひる保育園で長期に渡り保育の柱として大切にしてきた〝子どもの睡眠〟について紹介したいと思います。

はじめに

あひる保育園は兵庫県宝塚市にあります。宝塚は大阪や神戸へ四〇分程でアクセスできる便利な街で、近年では子育て世帯も増加傾向にあり待機児童も増え続けています。

あひる保育園の近隣地域の子どもの実態は、次の通りです。

・明るく人なつこく、活発である。
・小学校では学力や家庭環境に問題を抱える子どもが多い。
・中学校でも学力不足は継続しており、卒業後の進路変更者が多い。

が、地域保幼小中養の連携ブロック会議のなかで挙げられました。ブロック会議のなかでは、この子どもの姿からめざす子ども像を検討し、継続的に連携会議を進めています。

早寝・早起き 生体リズムにあった生活を!

あひる保育園では、『早寝・早起き、朝から快食・快便で健康な子どもに』を保育目標に保護者と共に子どもにとって良い二四時間の生活リズムを整えることを大切にしています。

具体的には、〝朝子どもが一人で目覚めれるような生活〟〝日中をイキイキと夢中であそびきる〟〝夜はコテンと寝つき、朝までぐっすり眠る〟などに取り組んでいます。園の大きな特徴として、今から三〇年近く前にディリーの見直しを行い、現在は午前中に昼寝を設定しています。そのディリーは約三〇年前に昼寝を午前中にシフトした動機として、給食時に食べながら目がトロンとして寝むくなってきている姿があったこと、早寝・早起きを保護者に奨励してきたが、現実は就寝も起床も遅かったことが挙げられました。単に保護者に進めるだけでなく、子ども自身が早く眠れる生活を河添先生の理論から〝睡眠が脳を育てる〟こと、〝質の高い眠りと日中の活動の充実が身体や心を育てる〟ことを学び実践してきました。当時は、保護者を対象に学習会を設け生活を考えあってきたそうです。

河添理論 眠りの大切さ

故河添邦俊氏は、保育園における昼寝を単なる休憩ではなく、脳とからだを発達させ、学習を積み重ねて記憶していくことを保障する基盤と考えられました。

午前中の睡眠は、レム睡眠とノンレム睡眠（第二段階）が多く出現します。脳とからだの成長が著しい乳幼児期はレム睡眠をたくさん出現させることが必要です。また、早寝・早起きの睡眠リズムが習慣となっている子どもは、体温が下がりつつある時間帯である一〇時三〇分~十二時には脳の覚醒レベルが下がってく

園でのすごし方

安心・安全を土台に子どもが主体的に生活できるように。

子どもが主体的に考えて過ごせるように心がけています。
その為に、できるだけ1日の流れを同じにして先を見通せるように配慮しています。

保育目標

「早寝・早起き、朝から快食・快便で健康な子どもに」
「よく寝・よく食べ・よく遊ぶ子どもに！！」という願いをもって、保護者と共に子どもにとってより良い24時間の生活リズムを整えることを大切にしています。

「しなやかな身体と豊かな心を持った子どもに」
散歩やリズム・体育あそびなど、友だちと楽しく身体を動かす活動の中で、しなやかな身体をつくります。ごっこあそびや絵本の読み聞かせ・描画活動などを通して想像力を膨らませたり、自分の思いを表現することを大切にしています。

「仲間と楽しく遊び、元気で笑う子どもに」
友だちとたくさん関わり合う機会をつくり、一緒に笑ったり、泣いたり、協力しあう中で、人とコミュニケーションをはかる力を育みます。

乳児のすごし方

7:00 開門

登園
おはよう！今日もお友だちといっぱい遊ぼう！

8:00 赤ちゃん体操
0歳児クラスは登園してきた子から赤ちゃん体操をします。
保育士と目と目を合わせて身体をマッサージすることで、心も身体もリラックスし、一日をスタートします。
「おててを～ぶらぶら～♪」

10:00 午前睡
朝、たくさん身体を動かして遊んだら…
「おやすみ～」

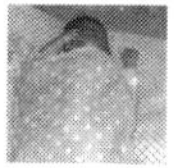

12:00 めざめ

食事
友だちや保育士と一緒に食べます。
「いただきま～す！」
「おいしいね～！！」

13:00 午後睡
1歳半頃まで2回寝をします。
「おやすみ～」

15:00 おやつ
手作りのおやつは、子どもたちの楽しみのひとつ。
「今日は何かな～？？」

16:00 各自降園

18:15 延長保育開始

19:00 閉門

幼児のすごし方

7:00 開門

登園
おはよう！今日もお友だちといっぱい遊ぼう！

雑巾掛け
朝は毎日、雑巾掛けからスタート！1日を過ごす保育園をきれいにして、気持ち良く1日が始まります。
雑巾掛けは抗重力筋を育て、たくましい身体作ります。
「一緒に競争しよう！よ～いどんっ！」

8:00 ロールマット
保育士と1対1でマッサージ！コミュニケーションをとりながら、血液循環をよくします。
「気持ちい～なぁ♪」

9:00 朝のリズム運動
しなやかな身体と心が育ちます。

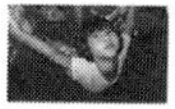

朝の会
旬のあそびを取り入れて、各クラスで楽しみます。
お散歩先で出会ったクモについて、調べ中…
「クモは何食べるんやろなぁ」

10:00 午前睡
たっぷり身体を動かして
「おやすみなさ～い」

11:00 めざめ

12:00 食事
お友だちと一緒に食べるとおいしいな。
「いただきま～す」

13:00 園外保育
季節の自然に触れながら、たっぷり歩きます。
「どんぐり、石ころ、お宝いっぱい見～つけた！」

15:00 混合保育
夕方、天気のいい日は園庭にでます。
「お兄ちゃんお姉ちゃんかっこいいなぁ」
「はい、ど～ぞ！」

おやつ

16:00 各自降園

18:15 延長保育開始

19:00 閉門

図24　夜の眠りの中で脳が発達する

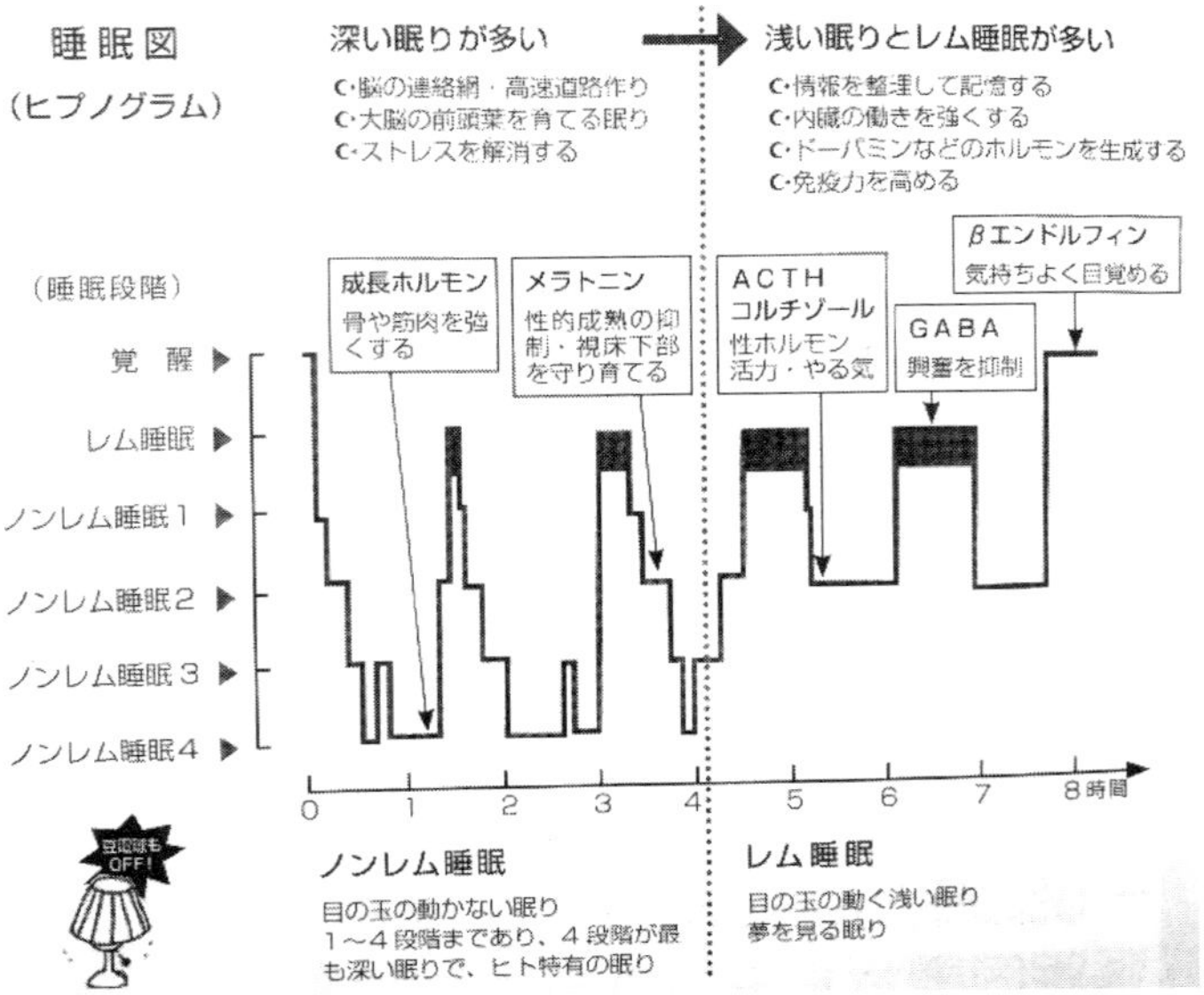

注）図1　『科学と発達論に基づく保育』相馬範子　東洋書店　引用

るので、昼寝に適しています。午前中のうちに昼寝によって一度脳とからだを休め、疲労回復と育ちの補充を終えてから昼食を食べます。その後、午後も十分に活動します。するとまた、夕方から体温と覚醒レベルが下がっていき、夜は早く寝ることができるようになります。このように日中、午前も午後もしっかりと活動していくと、夜間の眠りが更によくなり、脳とからだの育ちが一層高まっていきます。子どもの成長と発達には、睡眠と活動のリズムをどう保障していくかが大切なのです。

一方、一歳六か月未満の子どもは、午前の昼寝だけでは睡眠時間が足りないため、午後も昼寝をします。午後の眠りのなかには、レム睡眠の出現が少なくなり、ノンレム睡眠（三～四段階）が多くなってきますが、まだ、ノンレム睡眠（第二段階）も多く出現するので浅い眠りから起こせば目覚めがよいと思われます。午後の昼寝は、一時間を超えない範囲で済ませるのが望ましいと思います。

「午前中の昼寝」についての考え方は河添邦俊氏と交友のあった睡眠学者の故松本敦治氏の提案によるもので、全国にも少数ながらも実践している保育園があります。

生活リズムを土台に展開していく保育

私は一〇年以上、上記のデイリーで〝保育を科学に！〟と共に〝睡眠を科学に！〟を心がけて保育をしてきました。生活リズムは園生活だけで整えていけるものではなく、家庭との連携が重要になってきます。保護者の育て方や働き方、暮らし方が大きく変化しているこの時代に、自分たちが学んだ生体リズムや眠りの質を大切にする生活を懇談会や日常の会話のなかから伝えるようにしています。

まず、〇歳児では睡眠の量を保障していくために、一歳六か月までは二回寝でそれ以降は家庭とよく相談しながら一回寝に移行していきます。移行の時期はあくまでも目安で保護者の働き方や子の育ちによって流動的に行います。不思議とこの頃になると〇歳児クラスでありながら顔つきが少し変化し、大きくなったな～と実感していました。一歳児では一回寝と二回寝が混在しているので、生活を二つのグループに分けてすごしていきます。運動会前の九月頃には全員が（年によって異なる）一回寝になり、クラスでの活動が増えていきます。二歳児以降は、幼児と同じデイリーですごして年長の一〇月頃に就学に向けて午睡をしなくなります。

実践を通しての現状と課題

現代の育児ストレスの上位に〝子どもが寝てくれない〟が挙げられています。そんな育児ストレスを解消するにはピッタリの午前午睡ですが、現実的には問題点や課題もあります。

夜に子どもが眠くなるような保育デイリーには、日中の活動時間がたっぷりと計画されています。朝は一時間程しっかりと身体を動かしてあそび、午後からも散歩に出かけおやつまですごします。活動量が多いので夜は自然と眠くなって入眠できている家庭がほとんどのようです。しかし、三〇年前とは子育て環境や働き方も大きく変化し、子どもの生活も夜型傾向にあると感じています。子ども中心の生活を意識していても、やむ得ず夜型遅起きの生活になる家庭もあります。夜型傾向の家庭には、午後睡の方が向いてるのかな～と思うこともあります。同じ保育目標をもつ同法人の山本南保育園は開園時間が二〇時までなので午後睡のデイリーですごしています。午前午睡でしか、生活リズムを大切にできないのではなく、家庭の生活実態や地域のニーズに合わせた計画の立案が大切だと思っています。実際に、午前睡をしていた園も職員の労働条件の問題で午後睡に戻した園もあります。子どもには良い環境であっても働き手としては、午前中に休憩をとり午後からの活動に入るため、その保育の意図や大切さへの理解が必要になります。

今回の保育指針改訂で〝保育の計画及び評価〟の項目に午睡や生活リズムについて明記されました。教育と養護を一体的に行う保育という営みに活動時間のみが保育ではなく〝午睡も保育〟と位置づけられたように思います。しかし、その一方では〝一律とならないよう配慮すること〟とあり、〝配慮〟を実現するには現在の保育士配置基準では困難をきたし、保育実態と指針が乖離していくように思えます。

今後も眠りの質や個人差に着目し、充実した活動と睡眠を大切にしていきたいと思っています。

おわりに

これまで、あひる福祉会の柱として培ってきた二四時間の生活リズムを大切にする保育が子どもの成長を支え、発達を保障してきたことが変わりゆく時代のなかで、変わらず大切にし続けてきた要因の一つになっていると思います。

以前に比べると、育児に関する知識はボタン一つで容易に得られる便利な時代になりました。しかし、そのたくさんの情報をどのように子育てに反映していくのかを人から人へ語り継がれる機会は減少しているように思います。保護者への規則正しい生活リズムへの促しのみがすべての目的ではなく、睡眠についての対話を通して各家庭の生活実態を知る機会になればいいと思っています。その対話が、親と保育者を繋ぎ、子どもの育ちを喜び合う眼差しを育んでいくのかもしれません。

（はたの・やすあき）

便利な生活と子どもの育ち

保護者の思いに寄り添いながら伝えていくことの難しさ

白鳥　睦
Mutsumi Shiratori
（愛知保問研・田代保育園）

はじめに

田代保育園は、前身の田代共同保育所から二〇〇四年に認可園となりました。名古屋市東部の閑静な住宅街にあり、比較的経済的に安定した家庭が多い地域です。産休明けから二歳児三四家庭、三六人の小さな乳児保育園で、七時十五分から二一時十五分まで開園しています。十九時以降は夕食の提供もしており、毎日四～一〇人（土曜日も六人くらい）が利用しています。

便利なものとどう付きあうか

田代保育園では、毎月一回夜に各クラスで保育懇談会（保育の会）を行っています。一、二歳児は子どもたちを別室で保育して、保護者と担任がじっくりと話ができるようにしていますが、〇歳児クラスは保育体制を取らずに、保護者と一緒に参加しています。

ある〇歳児クラスの保育の会のときに、担任が保護者の前で子どもたちに絵本の読み聞かせをしました。普段の保育のなかで、子どもたちがどのように絵本を楽しんでいるか、私たちがどういったところに配慮して読み聞かせをしているかを保護者に見てもらいたいと思ったからです。子どもたちはいつものように、絵本に出てくる動物を指差したり、動きを真似したりして楽しんでいました。

その時、何人かの保護者がその様子をスマートフォンで撮影していました。今時、スマートフォンを使うことは日常のことですし、参加できないお父さんや、おじいちゃんおばあちゃんに子どものかわいい様子を見せるのかなとその時は気にもしていませんでした。てっきり、楽しんでいる子どもの姿を撮影しているのだとばかり思っていたのですが、後日連絡ノートに「保育の会のときに読んでもらった絵本の動画を子どもが寝る前に喜んで見ています」と書いてあったのです。これにはさすがに驚きました。

保護者が動画を見て、どうやって絵本を読んだらいいのか参考にして家庭でも読み聞かせをしてくれるならいいのですが、実際はそうではありませんでした。絵本は読んでくれる人とやり取りしたり、子どものペースに合わせたりして読むことができるからいいのであって、読み聞かせの動画を見せるのでは、テレビを見せるのと変わりはなくなってしまいます。しかも、寝る前にスマートフォンの画面を見るのはおとなでもあまり良いことではありません。でも、道具としてのスマートフォンそのものが悪いわけではなく、おとなの使い

方の問題です。道具は便利に使えばいいのであって、間違った使い方をしたり、道具に使われてしまってはいけないと思うのです。便利なものがあふれている現在、子どもたちにとって大切なことは何かを保育者が保護者に伝えていくことの大切さを再認識した出来事でした。

保護者の生活や働く環境は年々厳しくなっていますが、昔と違って生活家電も子育て用品も便利なものがどんどん出てきています。かといって、保護者や子どもたちの生活がそれに伴って豊かになってきたと今の保護者は感じにくいのではないでしょうか。年配の人たちは昔からの変化を知っているからこそ、「今は便利になったよね。昔は……」と思いますが、今の保護者世代はものごころついたときにはそれが当たり前にあった人たちです。紙おむつも冷凍食品も、テレビもビデオも携帯電話もです。私たち保育者に必要なのは、それを使うことを否定するのではなく、子どものことを考えて便利なものと上手に付きあい、上手に利用していく方法を考えていくことではないでしょうか。紙おむつだって、おとながこまめに出たかを確認したり、子どもの「出た」というサインを見逃さないようにして、布おむつと同じように出たらすぐに替えてあげればいいのではと思います。紙おむつだからといって排泄の自立が遅くなるということは感じませんし、昔のように何でも早くできるようになればいいというものでもないと思います。

習い事やお出かけでさまざまな体験をさせたいと思う親の願い

子どもが赤ちゃんの頃から情報をたくさん集め、一歳ころから「スイミング」「リトミック」「サッカー教室」「英会話教室」に子どもを通わせる家庭もあります。日中は保育園に来ていて、帰宅後や休日は親子ですごす貴重な時間なのにそこまでしなくてもよいのではと思う気持ちもあり、保護者の思いを聞くことがあります。「子どもの能力を伸ばしたい」ので、親としてできるだけのことをしてあげたいのだそうです。嫌がっているのを無理やり通わせていないのかと心配にもなりますが、保護者に言わせれば、子どもたちは意外と習い事を楽しんでいて、家にいるよりも楽しくすごせるのだそうです。

お母さん達からは「あそび方がわからない」けど「子どもに楽しい経験をさせてあげたい」「イライラしないで子どもとの時間をすごしたい」とよく聴きます。提供されたあそび場で、少しでも肩の力が抜けるならそれでも良いのではないかと思います。「自分で工夫してみたら」と言われてもどうしてよいかわからないようです。便利なものは使い方次第で生活をサポートしてくれるありがたさもあります。子育て支援の場やテーマパーク等、子連れで出かける場所は増えてきました。子育てで迷うことがあれば、スマホで検索することもできますし、あそびの広場で出会ったママ友とSNSで情報交換もしています。それによって、情報に惑わされることや、ママ友の付きあい方の悩みもありますが、二五年ほど前に子育て支援で出会った孤独に子育てをしていたお母さんたちの表情と比べたらずいぶん明るい印象を受けます。お出かけの仕方も習い事も「特別な家庭」だけでは済ますことができないくらい当たり前になっています。

習い事やお出かけなど、一見恵まれた家庭環境で子育てしているように見えても、子どもへの期待から、小言が多くなって子どもが気の毒に思える親子もいます。「もっとゆっくり子どもの姿を受けとめてあげてもいいんじゃないかな」と話してみても、長年積み重ねてきた価値観はそう簡単に変われるものではありません。

子どもたちが安心してすごせるためには、保護者の思いを「でもそれは……」というよりも、気持ちを汲む方が状況を良くできるような感じがします。保護者は保育園の保育には共感もしてくれ、「ここでよかった」と感想も伝えてくれるのですが、かといって習いことをやめるまでには至りません。私たちが伝える保育観は心にとどまらないのかと考えさせられることもあります。

自己責任の意識が根底にある日本社会のなかで、自分自身が競争のなかで育ってきた保護者は、子どもが落ちこぼれる事がないように、親の願いを他力に頼る以外には考えられないのかもしれません。

せめて園生活のなかでは豊かな実体験を

田代保育園の保育方針の一つに「自然や地域に親しみ、実体験を身につける」があります。忙しくて余裕がない生活環境や早い時期からの教育志向を見ると、生活の実体験を豊かにしていくことの大切さを益々感じています。毎日の散歩では自分で触ってみる石ころの重さや硬さ、平地にはない斜面や階段を上り下りするときの体のバランスのとり方、春になると虫や草が

出てくること、秋は葉の色が変わることやどんぐりが落ちていることを学びます。調理職員は豆のさやむきやトウモロコシの皮むき等さまざまな季節の食材に触れる機会をつくり、野菜を嫌がる年齢の子どもたちには、和え物の混ぜ混ぜクッキングをして楽しく食べる気持ちを育んでいます。友だちとの関係では、けんかをして嫌な気持ちになることもあるけれど、一緒にあそぶのが楽しい生活を毎日重ねています。田代保育園は乳児の保育園なので三歳児から転園をしなくてはなりませんが、以前転園先の公立の園長から「子どもらしい子どもを送ってくれてありがとう」と言ってもらえた言葉が忘れられません。新保育所保育指針に「幼児期の終わりまでに育ってほしい姿」を求められ、子どもが実感を伴って学び育っていく過程が大事にされていない可能性があり、人の礎となる乳時期だからこそなおさら実体験を大切にしていきたいと考えています。

（しらとり・むつみ）

随想

不便におもうのはおとな

平林敬子（大阪保問研）
Keiko Hirabayashi

はじめに

今回のテーマである〝便利な生活と子どもの育ち〟を考えるとき、誰にとって「便利」であり、その反対に「不便」に思っているのはおとなの方で、子どもの成長過程では便利でなくても良いこともあります。また、日々の保育のなかで、おとなが不便に感じていることは、子どもたちの日課との関係で見直しをして、無駄なことを省き、備品などの配置を少し変えるだけで保育の流れがよくなることがあります。そのことによって、〝子どもにわかりやすい〟生活となり、子ども自身が「次に何をするか」がわかり、子ども自身が自主的に行動することにつながっていきます。

とくに、排せつ→着替え、食事の準備→片付けなど、一日のなかで何度も繰り返される行為については、おとなと子どもの〝動線〟をよく考えることが必要です。保育者同士気を遣って現状を変更することについては、なかなか言い出せず不便な気持ちをかかえて仕事を続けるのではなく、保育の振り返りのなかに位置づけて、安全面を含めて改善することが大切だと思います。

子どもたちが快適に過ごせる場づくりを

保育園の建設にあたっては「保育者がどんな保育をしたいのか」「どんな子どもに育ってほしいのか」を語ることが大切です。対象の年齢、子どもたちの一日の生活、給食室の位置、保育者の動き、保護者との関係など、イメージしていることを表現することで設計者が設計図として具体化していきます。ときとして、敷地面積や建設資金の関係ですべてを実現できないことがありますが、保育の基本となるところは譲らず、何とか工夫して実現できるように知恵を出し合います。

例えば、一日の生活で、何度も行う行為として「手洗い」があります。各保育室に手洗い場があることは望ましいですが、年齢が進むごとに簡素化される傾向があります。蛇口の前に手をかざすと水が出るというものが多く使われて便利ですが、あえて時代の流れに反していくようですが、子どもが開栓できる蛇口を設置することにこだわりたいのです。自分の力で開栓して手を洗う行為のなかでいろいろなことを学んでいくからです。蛇口をどのようにして開けるのかにはじまり、あけるときの強弱によって水の量が変わるので、ときとして、手洗い場が水浸しになることもあります。おとな側から見れば、自動のものがよいのですが、そこをこらえて従来のものを使うことに意味を持ちたいのです。このような例は他にもあると思いますが、おとなが便利さに流されず、〝子どもにとって〟の指標を持って、快適にすごせる場づくりをしたいものです。

食育を支える給食室と厨房内の動き

「食育」について保育計画のなかに位置づけられるようになり、食事づくりが子どもたちとの関係でより深まってきています。園内調理を前提に、厨房内で働く人の目線から、厨房器具の配置が考えられているかについて関心を持っています。食材の下ごしらえ→調理→配膳→食後のかたづけまでの一連の流れがスムーズに運ばれるようになっているかどうか。カウンターに返却されてくる食器を洗浄するときに、右回りか、左回りかについてもさんざん考えたものです。何でもない事のように思えますが、作業の〝動線〟は労働の面からも無駄のないようにすることが、調理をする人にとっても大切で、「食育」にとっても必要です。

子どもたちが「今日のきゅうしょく何？」「あしたクッキングするねん」と、気軽に声をかけてくれることもうれしいことで、「わたし作る人」「わたし食べる人」という関係でなく、食事づくりと保育が連携できることは、園全体にとっても必要なことだと思います。とくに、給食室は園の要の存在で、全クラスのことがよく見えます。子ども一人ひとりの様子をしっかり把握して、アレルギー対応をはじめ体調に合わせて調理をするプロでもあります。保護者にとって、「給食・おやつが充実している」ことは、保育園選びの条件の一つであり、安心して子どもを託せるバロメーターになっています。

保育制度が大きく変わるなかで、朝夕の送迎時間がタッチパネル管理に変わり、ゆっくりと保護者と話し合うことが難しくなっています。一九八〇年代に「テレビに子守りをさせないで」と警告されてからおよそ三〇年がすぎましたが、テレビ以上にいろいろな機能を持つスマートフォンが子どもたちの相手をしています。あらためて〝子どもにとっての生活〟のあり方を考える機会になればと思います。（ひらばやし・けいこ）

第57回 全国保育問題研究集会 基調提案(草案)

全国保育問題研究協議会・常任委員会
(基調提案作成委員会)

●メインテーマ

学び合おう、いのちあるみんなが、しあわせになるために

●サブテーマ

1. 友だちのなかで育ち合い、子ども一人ひとりが大切にされる、保育実践について学びを深めよう
2. みんながしあわせに働き続けられる職場づくりのために、保育に携わるおとな同士が語り合い、繋がり合おう
3. 貧困と格差のない社会づくりのために、世代を超えて手をつなごう
4. 保問研80数年の歴史に学び、未来につなげよう

Ⅰ　兵庫集会のテーマについて

1　なぜ、いま、〝しあわせ〟なのか？

兵庫集会のメインテーマは、「学び合おう、いのちあるみんなが、しあわせになるために」です。

今年度から保育所保育指針、幼稚園教育要領ならびに幼保連携型認定こども園保育・教育要領が改訂されました。改訂のポイントはさまざまありますが、なかでも「幼児期の終わりまでに育ってほしい姿（一〇の姿）」が明示されたことは、「めざすべき子ども像、人間像」が、いわば上から示されたという意味で保育現場にとって影響は少なくありません。もちろん、保育においてどのような子ども像、さらには人間像を描くのか、ということは、保育をすすめていく上で重要なことです。また、どのような子ども像、人間像をめざすのかということは、どのような社会像を私たちがめざすのか、ということと分けて考えることはできません。たとえば、紛争の絶えない社会では兵士として命令に服従する子どもを育てようとするでしょうし、封建的な社会では主従関係を重視するような子どもを育てようとするでしょう。対して民主的な社会では一人ひとりの人権を大切にする子どもを育てようとするはずです。

めざすべき子ども像を政府が示すということは、政府が今後めざす社会像とそれを担う人間像が想定されているのではないかと疑ってかかる必要が出てきます。そして、アベノミクスや一億総活躍社会など、現在の政府の動向をみていると、政府がえがくのは経済的に豊かな社会像であり、国際社会での経済競争に勝ち抜いていけるような人間像なのではないかと思えてきます。

しかし、「経済的に豊かであればいい」という社会像や「競争に勝ち残っていける」という人間像は、これから私たちがめざす社会像や人間像として正しいとは言えないでしょう。なぜなら、人口減社会を迎えた日本では、経済的な豊かさをめざす時代はもはや限界を迎えているからです。経済的な豊かさに代わる私たちが真にめざすべきもう一つの社会像と、その社会像を支える人間像がどういうものなのかを考えていかなければ、保育、あるいは教育・福祉のさまざまな問題の解決や発展はありえません。

〝しあわせ〟あるいは幸福という言葉は、ＧＮＰ（国民総生産）やＧＤＰ（国内総生産）に代わる指標として、ブータンがＧＮＨ（国民総幸福量）を提示して以来、世界的に注目されています。GNPやGDPというのは、資本主義的、金銭的な豊かさの尺度ですが、必ずしも生活の幸福感や豊かさと比例するわけではないことは、心の病や過労死など、さまざまな社会問題を抱えるわが国の状況をみても明らかでしょう。対して、GNHは経済的豊かさではなく、国民一人ひとりの〝しあわせ〟あるいは〝幸福度〟そのものによって社会を測る新たな指標にしようという試みです。

しかし、この〝しあわせ〟に着目することのより重要な側面は、価値観の転換そのものでしょう。つまり、右肩上がりの経済成長を目標とするのではなく、経済的にはゼロ成長やマイナス成長であっても、一人ひとりの幸福感がたかまることを目標とし、生活の豊かさが保障される社会像をめざそうということではないでしょうか。現実的に、少子高齢化がどんどんと進み、ついに人口減社会を迎えた日本では、これ以上の経済的な成長を求めることが難しいのは自明のことでしょう。いま、私たちが生きる社会、そして、子どもたちが生きる未来の社会において、みんなのしあわせをどのように実現していけるのかを考えていくことが重要ではないかということから、メインテーマに〝しあわせ〟を選びました。

2 〝しあわせ〟な社会の実現のために

このような経済成長を目標とせずとも、〝しあわせ〟な社会を実現するためにはいくつかの課題があります。

まず一つ目は、国家間のさまざまな調査からは、日本社会の幸福度は他の国に比べて低い状態にあるということです。どのような事柄が、わが国の一人ひとりの、そしてみんなのしあわせにつながるのか、正面から考えなくてはなりません。

二つ目は、経済成長が期待できないなかで、あるいは人口減・少子高齢化社会のなかでどのように経済を循環させていくのかということです。国際的な競争で勝ち抜いて外貨を得るという市場原理的な経済活動ではなく、地域社会のなかでお金を循環させていくというローカルな経済活動への転換が求められます。しかし、いまの日本は、世界的にみても社会的孤立が高く、ローカルでの人と人とのつながりが弱くなっていますから、まずはローカルな人のつながりを回復させていくことが課題でしょう。

そして、三つ目として高い失業率をどうするのかという課題があります。日本だけでなく、他の先進国でも失業率が高くなっているのですが、これは社会が経済成長のために工業化をすすめ、経済的な効率化、つまり、かかる人手は少なくいかに効率よくモノを作るかをめざし、結果として失業を生んできています。一方で、少なくなった人手は、多数の仕事を引き受けざるを得ず、過労状態に陥り、過労保育という仕事は、福祉労働でもあり、教育労働でもあります。子どもたちの育ち、権利保障や発達保障のためということはもちろん、わが国が抱えている人口減社会の新たな経済活動としても、保育をさらに充実させていくことが望ましいといえるのではないでしょうか。

一人ひとりに丁寧な教育実践や福祉実践を行おうとすれば、人手がたくさんかかるわけです。また、単純に金銭や物質的な豊かさではない、価値観や幸福感が教育実践や福祉実践のなかにはふくまれてきます。ですので、経済成長を目標としない社会を実現するための軸として、これらは社会全体で教育や福祉に力を入れていくことが必要です。

死するほど働く人がいる一方で、失業者も増えるという、奇妙な現象が起きています。

これら、三つの課題をクリアする働き方として注目されているのが、福祉労働、あるいは教育労働です。福祉や教育は基本的にはローカルなコミュニティで行われるものですし、一人ひとりに丁寧な教

③ "しあわせ"を実現するための四つのサブテーマ

メインテーマの"みんなが、しあわせになるために"を実現するには、個人・集団・社会という三つの射程で保育を考えることが必要です。また、保問研の八〇年の歴史から学び、次の世代へとどのようにつないでいくのかも重要な視点のため、サブテーマを四つ

とな同士が語り合い、繋がり合おう」です。保育士不足の原因のひとつとして、メディア等では、賃金の低さや労働条件の悪さばかりがクローズアップされますが、さまざまな調査研究をみていると、離職の理由として賃金の低さと同じかそれ以上に挙げられているのは、職場のなかでの人間関係の問題です。職場の人間関係の問題は、私的な問題、個人のコミュニケーション能力の問題と考えられやすいものであることを忘れてはなりません。能力や資質の内実は、民主的な人格の形成にこそあり、それを保障する保育実践が求められます。

二つ目は、「みんながしあわせに働き続けられる職場づくりのために、保育に携わるお互いにわけることのできないものであることを忘れてはなりません。能力や資質の内実は、民主的な子ども集団をつくっていくことが土台であり、相互にわけることのできないものであることを忘れてはなりません。しかし、個人のコミュニケーションの問題とか相性の問題と押し込めてしまえば、いつまでも解決はしえないでしょう。職場の人間関係の問題を、園全体の問題、さらには公的な問題、社会の問題としてとらえて、正面から向き合わないといけないと思いま

一つ目は、「友だちのなかで育ち合い、子ども一人ひとりの"能力や資質"について学びを深めよう」です。いま、子どもの"能力や資質"ということが幼児期において重視されるような指針が出されましたが、まずは一人ひとりの人格的な形成、そして、

基調提案(草案)

す。

三つ目は、「貧困と格差のない社会づくりのために、世代を超えて手をつなごう」です。貧困や格差の世代間連鎖、子どもの貧困が大きな問題となっているなか、"持続可能な"かたちで社会をつくっていくことが重要となります。

"持続可能"という言葉は、環境問題やエネルギー問題から生まれてきた言葉ですが、農水産物や鉱物などの地球環境やエネルギーは富の源泉となる資源です。社会保障というのは税金や保険金による富の再分配のシステムですから、富の総量(環境)と再分配のシステム(福祉)の持続可能性を考えることは、同時に行わなければなりません。また、保育政策を、社会福祉政策あ

るいは社会保障政策という大きな枠組みから考えれば、障がい者福祉や高齢者福祉、あるいは医療や年金などの問題と分けて考えることも難しくなります。少子高齢化社会、さらに、人口減社会のなかで、たとえば、年金制度のように破たんを起こしてしまうことが深刻化しているにもかかわらず、幼児教育の無償化が検討されている今こそ、持続可能な社会保障制度、保育政策について考えていく必要があります。

また、少子高齢化社会のなかでは、高齢者福祉が依然として日本の社会福祉問題のなかでは大きなウエイトを占めております。社会福祉政策のなかで保育政策だけが豊かであれば良いということにはならないでしょう。一方で、たとえば、

子どもの貧困問題は特に母子家庭において顕著であることからわかるように、ジェンダービジョンが必要になります。また、乳幼児期だけがしあわせであれば良いということにはなりません。一時的なバラマキの福祉政策ではなく、いまの乳幼児が五年後学童期になり、一〇年後思春期を迎え、そして二〇年後成人しても変わらずしあわせに暮らせるための福祉政策と未来の社会をつくらなければなりません。つまり、時代を超えた縦軸の日本社会全体の福祉のビジョンも必要になります。

目の前の今が良ければいいというその場しのぎの政策ではなく、"持続可能な発展"という観点から見直し、これらの、"子どもだけでなく、すべての世代"という横軸の視点

さらに、幼児教育の無償化が検討されている今こそ、持続可能な社会保障制度、保育政策について考えていく必要があります。少子高齢化社会のなか、子ども関連、家族関連の社会保障費の割合も低い状況にあります。社会保障全体のさらなる充実と、特に、子ども、家族関連の社会保障の強化が求められます。子どもを安心して生み育てられない社会に未来はないと言わざるをえません。

いずれにせよ、保育政策は、その他の社会福祉政策や社会保障政策も含めた大きな問題として考える必要があり、領

子どもの貧困問題は特に母子家庭において顕著であることをもった日本社会全体の福祉の域横断的な横への広がり

ECD加盟国のなかでも低く、さらに子どもの貧困問題の問題や家族関連の問題も深刻化しています。日本の対GDPの社会保障費の割合はO

と、〝現在だけでなく、未来へと続く〟という縦軸の視点の、二つの視点を兼ね備えた、〝持続可能な〟安定した社会ビジョン・社会システムが必要されています。

四つ目は、「保問研八〇数年の歴史に学び、未来につなげよう」です。これまでの三つのサブテーマ、子どもの問題、保育者集団の問題、社会の問題については、何も新たな問題ではありません。また、現代的な課題の場合にも、これまでの歴史的な経緯の上に発生している事柄ですので、いまこそ保問研の歴史に学びなおしたうえで、未来への新たな道すじを考えていくことが必要でしょう。

4 おわりに―保育者のしあわせも考えよう

兵庫保問研および兵庫集会実行委員会では、メインテーマ・サブテーマの議論に関連させて、私たち『保育者のしあわせ』についても現代的かつ喫緊の課題として学習・議論を何度も繰り返してきました。現代社会において、保育、あるいは保育者には多くの期待がかけられているわけですが、保育者の労働の現状は、賃金や労働時間や労働環境、そして職場の人間関係など、課題は山積みです。

なかでも、今の保育者を取り巻く一番の社会問題は、保育者不足と早期離職の問題です。保育者不足の問題に関しては、メディア等では保育の仕事がブラックだという点が強調され、あたかもそれが原因であるかのように論じられますが、そもそもの現在の保育者不足の発端は、待機児童解消加速化プランによって五〇万人の保育の受け皿を増やしたことに伴う保育者不足であることを忘れてはなりません。つまり、保育者不足は保育現場の責任ではなく、政府の政策が引き起こした問題であるので、その解決策も保育現場にだけ求められるのではなく、政策的な解決を望んでいくことが重要でしょう。

一方、離職の状況については、保育者の平均勤続年数は三年くらいと言われ、就職後一年以内での離職者も一〇％から二五％くらいいると言われています。保育の仕事は経験だけがすべてではないですが、やはりある程度実践的な経験を重ねることで発揮できる一面があるのも事実でしょう。若い保育者が三年周期で入れ替わっていくなかでは、あらたな社会像を描き、一人ひとりの子どもの権利や発達を保障していくことはより困難となっていくでしょう。

これまで、保育問題というときには、基本的に子どもを取り巻く問題を中心に考えられてきており、保育者の問題はそれほど考えてこられなかったのかもしれません。保育の主体はもちろん子どもでなければなりませんが、保育者も同時に主体でなければならないのではないでしょうか。現代を生きる子どもたちの生活を考えると同時に、同じく

Ⅱ 兵庫の保育の歴史と実践から学ぶ

現代を生きる保育者の生活についても考えなければなりません。

保育者はまだまだ女性が多くの割合を占めており、保育者の主体的な労働を困難にする要因として、結婚や妊娠、出産、育児や、場合によっては親の介護の問題など、いわゆる家庭と仕事との両立という問題、いわばジェンダー問題が依然として横たわっているでしょう。働きたくても働けない、あるいは、結婚や出産がしたくても仕事のためにできない、という人をなくすためには、出産後の育児休暇の充実はもとより、育児中になれる社会をつくっていくための労働負担を軽減できるような制度や仕組み、介護休暇など壮年層の保育者への支援をすることから目を背けてはいけないでしょう。働きたくても働けない、あるいは、結婚や出産がしたくても仕事のためにできない、という人をなくすためには、出産後の育児休園、保育政策であることを改めて考え、みんながしあわせになれる社会をつくっていくために、子どもを中心としながらも、保育者にも焦点をあて、社会政策や労働問題、職場の集団づくりなど幅広い視点から保育問題を捉えなおしていくことが求められているのでしょう。

1 兵庫保問研の歴史に学ぶ

兵庫では、一九八六年二月に第二五回全国保育問題研究集会（宝塚グランドホテル）を開催し、一五〇〇名もの参加者を迎えました。

当時中曽根内閣の大軍拡路線、地方行革で保育所の統廃合・民間委託の問題、臨時教育審議会（臨教審）による行革が進んでいる時期でした。

兵庫保問研が再開されて、丁度十年目ということもあり、頑張って全国集会を引き受けることにしました。その当時は、すべての事務が本部事務局で行われ、宿泊・参加名簿等は手書きの作業で行っていきました。しかし、みんな若い最中なので未だ力で運営することができました。

一九九七年五月にも、第三六回全国保育問題研究集会・兵庫集会を神戸市の流通科学大学を会場に開催しました。

一九九五年一月十七日阪神淡路大震災があり、震災後二年目なので未だ県下は復興の最中で落ち着いてはいませんでしたが、一回目を引き受けてから十年たっていたので全国集会を受けることで、みんなが元気になれるのではと受けることにしました。二回目はノウハウもあり、宿泊なども国際ツーリストが担当してくれ、各係もスムーズに運営することができました。

神戸の街は大きな痛手を受けていましたが、困難ななかで前を向いて集会を成功させようとの想いで取り組み、震災を乗り越えて元気を取り戻すことができました。参加者は、一一五九名でした。

全国保問研集会を兵庫で受け持つのは二〇一八年で三回目になります。過去二回の兵庫集会開催の経験を持っているメンバーがいる間に集会を持ち、世代交代を進めながら会員の拡大と兵庫県の西部地域に新たな地域保問研をつくっていきたいと思って進めてきました。

尼崎、西宮、神戸、宝塚、川西、加古川の地域保問研実行委員が各パートに責任をもって取り組んできました。兵庫の多くの仲間が一つになって集会成功のために取り組むこの体験は、きびしい保育状況下のなかでもこれからの兵庫の運動・研究に大きな力となっていくと考えます。多くの矛盾に目を向け、子どもたちに手渡す明るい未来をつくる方法をさぐり、知恵と力を出し合う機会にしたいと思います。

集会実行委員には保問研のことも兵庫保問研のことも知らない若いメンバーも加わってくれました。集会準備会では保問研の歴史と兵庫保問研の歴史について学び、次の時代へのステップとしたいと取り組んでいます。

実行委員会ではテーマやサブテーマについて考えるなかで歓迎行事をどのように作っていくのか、テーマとなる「しあわせな社会」や「平和」について何度も考えてきました。そのなかで、主体的な若い世代の動きが生まれてきました。さらに、「新指針」の学習会も生まれ、新たな実践に向けての取り組みも始まり出しました。

この集会で実行委員は三日間の集会に積極的にかかわり、さらに学びを大きいものにしていくと思います。

関西保問研から兵庫保育問題研究会の創設期

兵庫保育問題研究会（以下、兵庫保問研）は関西保問研から始まります。一九六〇年十一月に松田道雄氏（医師）を会長にして一五〇名で発足しました。毎月一回の例会、夏の合宿研究会、研究を深めるための絵画部会、保育講座開講の取り組みがされました。

一九六一年に白衣の天使たちが、封建のカラを破ってストライキをもって待遇改善を叫びました。一方、保育者には支える労働組合もなく、個々の保育者の意識は少しずつ高まってはいたものの、まだまだその処遇は低い時代でした。

この当時の公立保育所の実態は六〇名定員（乳児一〇名、幼児五〇名）の所で保母（現在の保育士）三名（主任保母を含む）、調理員一名、保母が休んでも何の保障もなく混合保育の上に合同保育、また調理員が休んでも保母が調理をするという構成で運営されている状態でした。そのような状況で、保母たちは母親が安心して預けられる保育所になるように、そして子どもたちにとって発達を保障しながら楽しい生活が送れる場であるようにとの思いで保問研に参加していました。

一九六四年、保育内容を深める活動を通じて、保育条件の改善運動に力を入れるようになりました。神戸市と尼崎市の公務員労働組合民生支部のなかに保母の運動が位置づけられる組合活動が始まりました。また、一九六五年には保育所保育指針が出されました。

一九七一年七月には、兵庫保問研が結成されました。関西保問研は大阪、京都、滋賀、兵庫に発展解消しました。兵庫保問研は尼崎、西宮、芦屋、神戸、明石、などの地域保問研に会員が定着し、実践研究がすすめられました。事務局を尼崎のあゆみ共同保育所に置き講演会、例会などが続けられました。一九七二年、尼崎市では無認可共同保育園から社会福祉法人の認可保育園ができました。続いて六園が認可保育園になり、兵庫保問研の会員も多くなり、保育内容の充実、向上がされてきました。兵庫県保育所運動連絡会との積極的な連携をし、協力関係も生まれました。

一九七一年～一九七五年三月まで活動を続けていましたが、会員保母の結婚や妊娠、出産などが重なり、徐々に事務局体制が取れなくなり、停滞をつづけ崩壊状態になりました。

兵庫保問研再開と部会活動からの学び

一九七九年、田川浩三氏の呼びかけもあり、一九七九年一〇月に再開集会をもつ運びとなり事務局を兵庫県保育所運動連絡会に置きました。尼崎、西宮、神戸、明石、淡路に地域保問研ができました。

保問研の創成期には定例会や保育講座で学び、地域保問研のなかに「劇あそび」「リズム」「わらべうた」「うたごえ」「発達研究会」と部会・研究が取り組まれていきました。

一九八九年より、地域部会が、県保問研の部会活動に発展していきました。政策部会と発達部会の二つの部会でした。一九九〇年に文学部会、二〇〇〇年に乳児部会、二〇〇八年に子育て支援部会、二〇一一年に給食部会、二〇一三年美術部会が加わりました。

現在では「乳児部会」「文学部会」「発達部会」「政策部会」「美術部会」「給食部会」「身体づくり（運動）部会」「子育て支援部会」と八つの部会活動が行われています。運営委員が部会活動の責任者になり、実践保育園を決めて提案をしてもらい、理論研究を深めていっています。

保育学校・保育講座の学びとともに部会活動で各園の実践を学ぶことで保育の積み上げを各園が行い、また実践に返すということが兵庫の保育の向上になっています。部会活動のなかから毎年の全国集会に実践提案をし、全国から学び、さらなる保育の質の向上に努めています。

その後、阪神淡路大震災後の認可園で生まれた保育園で、「子どもを受容し、子どもを主体として保育する」という兵庫の保育をつくっていく保問研会員が増えていきました。また、宝塚・川西・加古川には新たに地域保問研もできました。しかしその反面、公立保育所が、民間移管されて減っていることと、今まで公立保育所の保育を支えてきていた保育士の世代が退職し、公立保育所の会員が大幅に減少することになり、面としての広がりがなくなってきていることが現在の課題です。

保育学校の学びを保育実践に生かす

生活発表会の取り組みで、決まったセリフを覚えさせたり、動作を教えたり、繰り返し練習したりするのは、子どもの自主性や子どもの表現活動を保障しているのだろうか？　子どもが主人公の保育はどのようにしてつくればよいのだろうか？　と悩んでいた保育士たちに応えて、会長になった田川浩三氏が、保育実践において「子どもが権利主体として発達する保育」「子どもが主人公の保育」ということを毎年、保育学校という形で提案されました。そして、「ごっこあそび・劇あそび・劇」の実践を重ねてきました。

講義で学んだ保育士は、実践し、理論を深めていき、その

結果、子どもと一緒にあそぶ課題を解決すること、他の子どもたちに対して約束事をまもり、責任を引き受ける力をつけて成長することを実践研究のなかで明らかにしてきました。

そして、幼児期前半の「ごっこあそび」、「役割あそび」、「模倣あそび」「みたてつもりあそび」「みぶりあそび」が乳児期の土台となっていることが実証され、確認しました。

その後、保育学校は〇〜二歳児を徳永満理氏、三〜五歳児を田川浩三氏が担当し、子どもの年齢と発達、作品としての絵本を保育現場で実践しての劇あそびになっての「劇あそび」になっての絵本を保育現場で実践を積み重ねていきながら理論的研究を積み上げてきました。

現在、保育学校は、徳永満理氏によって行われています。

ここ七年間の実践事例は、兵庫保問研運営委員メンバーによる討議で提案実践を選出し、提案実践をレクチャーしながら、発達と年齢にあった絵本の紹介とともに、研究を深め

「ごっこあそび・劇あそび・劇」の実践を重ねてきました。

五歳児の劇づくりでは、クラス集団が友だちとの関係を通してお互いの行動について話し合い、譲り合うこと、問題を共有認識していく活動で子ども一人ひとりが主人公になり、クラス集団の質の高まりを実感していきました。

「イメージの共有」で登場人物の性格、行動目的、そのときの心情などを共有認識していく活動で子どもも主人公の活動になっていくことも実践で積み上げての「劇あそび」になっての絵本を保育現場で実践を積み重ねていきながら理論的研究を積み上げてきました。

るようにしています。

保育実践の取り組みは、二年に一回発行する兵庫保問研の機関誌に実践研究として載せてきています。理論と実践の集大成として二〇〇四年「ごっこ・劇あそび・劇づくり」（かもがわ出版）、二〇一〇年には「劇あそびで育つ子どもたち」（かもがわ出版）、二〇一六年には三冊目の『子どもが発見する「ごっこ・劇あそび・劇づくり」―絵本からひろがるあそびの世界』（かもがわ出版）を出版しました。

二〇一六年夏季セミナー文学は、兵庫が開催地になりました。毎年、保問研全国集会の文学分科会には実践提案してきています。全国からの実践を学び合える場を提供して頂いたの思いで開催地として受付係、案内係、歓迎オープニングを受け持ち、セミナーを支えることができました。

2 兵庫の保育政策の動向

阪神淡路大震災と保育所認可へ

一九九五年一月十七日午前五時四六分、直下型地震が阪神間を直撃し、死者六四〇〇余名、負傷者四三七〇〇余名、倒壊家屋、全壊約一〇万五千棟、半壊約十四万四千棟と甚大な被害をもたらしました。保問研の会員も全壊や全焼、倒壊で避難していましたが、全国の支援を受けて、今できることをして保護者の働く保障と子どものこころをしっかり受け止めていこうと保育をしていきました。

保育所の被害は、認可保育所の建物の被害が全壊五か所、半壊十二か所、無認可保育所全壊二か所、半壊三か所でした。命の安全を守るために子どもたちは一万人近くが避難し、管外措置をされた子どもは、一七六〇人でした。兵庫県保育所運動連絡会が、国・県に児童福祉法に掲げている保育を必要としている子どもの措置をしていくように要望書提出と交渉したことが大きな結果につながりました。国の保育に対する責任と児童福祉施設としての措置制度で国はすべての自治体に対して保育所への入所を保障する通達を出しました。避難した子どもは公的保育に守られて、どこの自治体でも受け入れられて保育生活を続けることができました。

兵庫県では産休明けからの保育は、働く婦人の要求で無認可の共同保育所で始まりました。最初は、働く女性を守ることでしたが、子どもの発達を保障していく保育の実践が積み上げられていきました。産休明け保育の必要性が社会的に認められ、赤ちゃんホーム、家庭保育所が制度として各市にできてきました。産休明けの保育を担ってきていました。震災では、被害を受けた国の制度にのらない無認可保育所への助成は一切ありませんでした。無認可であっても産休明けの保育の責任を果たしていた思いはありましたが、保育所は安全な建物でなければ子どもの命を守れないとの思いで、兵庫県保育所運動連絡会と各無認可保育園が保育園認可運動へ取り組み出しました。法人保育園認可を取るには大変でしたけれど、民主的な認可保育園が多く誕生し、現在の公立保育園が民営化反対の闘いに取り組んでいましたが、三次計画のなかで大島保育所移管反対運動へと引き継がれていきました。

兵庫県の公立保育所民間移管の動向

一九九七年児童福祉法が改正され、国や自治体の福祉保育に対する責任がどんどん縮小されていっています。尼崎市では、行政改革審議会答申「新しい時代に対応した行政サービスの在り方について」を発表し、公立保育所四五か所のうち、初期にあたる第一・二次の民間移管計画（一九九八年度～二〇〇七年度）で計十五か所の民間移管をしました。続いて第三次（二〇〇九

年度～二〇一六年度）では、九か所移管計画をだしてきました。この間も民営化反対の闘いに取り組んでいましたが、三次計画のなかで大島保育所保護者会は大島保育所の存続の願いとして議会に陳情署名の提出し、口頭陳述をし、反対に取り組みました。

しかし、廃止条例は可決されてしまいました。これまでの民間移管の検証もなく、子ども・保護者を置いたまますすめてきた民間移管ありきの計画に、保護者等は大島保育所の廃止処分のとりけしを請求する旨の訴訟を二〇〇八年六月に起こしました。これは神戸市の枝吉保育所の裁判につづく提訴でした。神戸地裁は「いつ廃止されるか期日が決まっていない。誰が不利益

を被るのかが特定できないあることを厳しく批判し、五日間では個々の児童の個性などを把握し、生命、身体に危険が及ばない体制を確立できるとはおよそ考えられないとし、「市の裁量権の逸脱であり、保護者や児童の保育所選択権を侵害するもの」と仮差し止めが決定しました。敗訴しました。

現在は、民営化反対を一緒に戦った「子どもの最善の利益を守る」法人が受託し、兵庫県の保育を支えていっています。

この裁判を通して移管後の保育が円滑に行われるように四か月間の引き継ぎ保育、移管後の巡回フォロー・保護者アンケート・移管先法人ヒアリングの取り組みが行われるようになりました。

年度～二〇一六年度）では、九か所移管計画をだしてきました。すぐに高裁へ控訴しました。高裁ではどで却下」でした。すぐに高裁で争っている間に二〇一一年十二月議会で大島保育所を二〇一四年四月一日に廃止する条例が可決されました。現在第四次計画が出されされ、公立保育所を九か所残し、民間移管する提案が出されています。

神戸市では二〇〇六年～二〇一〇年に十五か所が民間移管されました。二〇〇六年十二月枝吉保育所の保護者・児童一八〇人が原告となって「子どもの権利条約への違反ではないか」「保育とはなにか」と、市立枝吉保育所の廃止・民間移管さし止めを求めて提訴しました。地裁の決定は引き継ぎのための新旧保育士による引継ぎが、五日間で

兵庫県は、阪神地域、神戸市以西の播州地域、丹波・但馬地域とおおまかに三つに分かれており、子どもや保護者が置かれている状況が違っています。

阪神間の民間移管と違って、丹波・但馬地域は、過疎地域で少子化がすすみ、保育所や幼稚園の定員割れがひどく統廃合や幼保一元化に向けての施設設備がすすめられていきました。

姫路・東播地域は、保育運動団体のない地域です。この地域の公立保育所の土曜日保育は十三時までなので、午後から民間保育園の一時預かり保育へと、二重保育を強いられている保護者がいる市もあります。認可保育園と認可外保育園が同じくらいの数あり、認定こども園の数が増えてきています。基本的に国の政策そのままを進める方針をとっています。

待機児解消策について

神戸市の待機児解消対策としての民間移管は前述しましたが、二〇〇八年七月、西宮市において『待機児童解消問題』が緊急課題として浮上しました。待機児解消を定員枠の弾力化運用による詰め込み保育で解消しましたが、西宮市の待機児は毎々増えて民間保育園分園、空き住宅・空き教室を利用しての保育ルームの開設で対応しました。解消には程遠い状態でした。

二〇一五年、新制度で阪神間の待機児対応としては、小規模保育園（株式会社を含む）の新設と、認定こども園への移行が見られます。芦屋市では、二〇一七年四月に幼保連携型認定こども園を社会福祉法人夢工房によって開園予定でしたが、運営費の不正使用で取り消しになりました。姫路市では、認定こども園「わんずまざー保育園」が、園児数の隠蔽受け入れ、保育士の人数水増し、給食量の不足などで認定取り消しになりました。行政が子どもに責任を持った対応をせずに安上がりの待機児対応をしてきた表れだと思います。

二〇一八年、阪神間を中心に兵庫県は待機児ワースト五位で、神戸市、西宮市、姫路市、明石市、加古川市では「待機児解消のための保育計画策定」を国より義務付けされています。認可保育所を待機児数に見合った数だけ建設すれば解決していくことですが、各市ともに民間移管・認定こども園への移行・小規模保育園の設置・法人保育園の分園設置・事業所内保育事業所設置としています。

保育士不足

各市とも保育士不足は深刻な状態です。保育士確保に向けて県は「保育士・保育所支援センター」を設置、また、就職フェアを実施している市もあります。正規保育士は確保できても保育園の待機児解消で定員枠増で受け入れている人数は非正規で対応していかないといけない実態もあります。保育士募集を出しても応募がなく、保育士紹介会社に依存する状態です。紹介料は年収の二〇%～二五%の費用がかかり、紹介者が辞めた場合の返金がほとんどなく、業者の言いなりが通っていて経営面の負担も大きくなっています。年度途中の産休代替え保育士の確保が厳しく、紹介会社に依頼しても確保ができずに退職保育士に総当たりしている状況です。

保育士の賃金が低いことがあげられていますが、それよりも保育士資格を持った人が働き方に安易さを求め、保育所が敬遠されているのではないかと思われる状況もあります。例えば、小規模保育所なら子どもの人数が少ないのでアットホームでいいと保育所が敬遠される、時差勤務がない短時間勤務の働き方を希望する、一週間全部は働きたくないなどです。二人のパートで一人分の仕事を確保していく状態です。

実習生を受け入れたときに「子どもってかわいい」「保育って楽しい」「保育士ってかっこいい」と思われる保育現場で、実習生を確保していくのが保育士採用の早道という声も聞かれています。

実際には保護者の働く厳しさ、保育士に求められる仕事の厳しさもあり、集会のテーマである「しあわせ」について考えていくことが求められています。

Ⅲ　全国の保育をめぐる情勢（二〇一七年六月～二〇一八年五月）

1　子ども・子育て支援新制度施行で起こっている問題

（1）待機児童の解消策

○「子育て安心プラン」—今度のプランは「安心」できるのか

政府が二〇一七年六月九日に閣議決定した「経済財政運営と改革の基本方針（骨太の方針）」は、経済成長を見据えた「人材への投資」に力点が置かれました。その柱の一つが保育所待機児童の解消と幼児教育・保育の無償化で、安倍首相は具体策として保育の受け皿を約三二万人分増やす「子育て安心プラン」を打ち出しました。

「子育て安心プラン」は、二〇二〇年度末までの待機児童解消をうたっています。十八年度から三年で保育の受け皿を約二二万人分増やして「待機児童ゼロ」を成し遂げ、その後二年で約一〇万人分を追加する予定になっています。

この見込みは二五～四四歳の女性の就業率が今の約七三%から八〇%に高まるとみて算出した数値であるとしています。

しかし、新プランは必要となる巨額の財源、担い手の確保ともにメドは立っておらず、実現への道筋はみえません。急増する需要に計画（プラン）が追いつかないのです。「子どもを預けて働きたくても保育所がない」と悩みを抱える家庭が少なくないことを証明しています。これらの悩みに政府は真剣に向き合わなければなりません。

○幼稚園での二歳児受け入れ―進む幼稚園の「保育所化」

文部科学省と内閣府は、認可保育所などに入れない待機児童を解消するため、来年度から、三〜五歳児が通う幼稚園で二歳児の受け入れを認める方針を決めました。二歳児対象の「一時預かり」の枠を新たに設け、保育士の人件費などの運営費を補助するとのことです。来年度予算の概算要求で、関連費用を盛り込むよう財務省に求めていました。これにより、夏休みなどの長期休暇や、子どもが三歳になった後も継続し、保護者が新たに保育所を探さなくても済むようにする。利用料は保育所など他の保育サービスと同水準になると見込んでいます。

二歳児を受け入れる幼稚園は職員配置の基準を緩め、保育者を新たに多数雇用しなくても運営できるようにしています。保育所などの待機児童は二〇一七年四月時点で約二万六千人に上り、〇〜二歳が九割近くを占めます。このうち二歳児であれば幼稚園児と年齢が近く、活動になじみやすいことから、受け入れが可能だと政府は判断しました。

待機児童解消に効果があると期待され、幼稚園と保育所の機能を併せもつ「認定こども園」は二〇一七年四月時点で五〇八一園。前年より一〇八〇園増えたものの、もともと保育所だったところが移行したケースが多く、思うような保育の受け皿拡充につながっていません。

○特区・小規模保育事業での三歳以上児受け入れ―狭い保育室に幼児を詰め込む

また、政府は待機児童対策として、原則〇〜二歳児を対象としている小規模保育事業について、年齢制限を撤廃し、三歳以上でも受け入れられるよう国家戦略特区を設けました。

小規模保育は、二〇一七年四月一日時点で全国に約二五〇〇施設あり、利用している子どもは三万人以上います。園庭が不要で、ビル内や空き店舗などでも開設しやすいため、東京など都市部で広がっています。卒園となる三歳の新たな受け入れ先を確保できない「三歳の壁」が発足当初から指摘され、事業者や東京都などから特区認定の要望が出されていました。

このような規制撤廃について、小規模保育ではグループあそびで社会性や協調性を育むことが難しいなどの発達段階に応じた保育の質に懸念がありましたが、同規模の「企業主導型保育事業」では〇〜

五歳までを一貫して受け入れていることから、保育の質には影響しないと判断されています。特区に認められた地域では、〇～五歳までの一貫した保育や三～五歳児のみの保育など事業者の判断で柔軟な内容の保育事業を行えるようになっています。

一方、三歳以上の子どもたちが一緒にあそんだり、運動能力などが異なる低年齢児と活動の場所を分けたりするなど配慮は求められているようです。

○特区・採光基準の緩和―「窓のない保育室」を認める

特区制度による規制緩和策がまたもや東京発で登場しました。保育所の採光に関する規制緩和です。二〇一七年一〇月に国土交通省は、部屋ごとに窓を必要とする建築基準法の規制を緩和し、一定の条件を満たせば窓のない部屋も保育室にできるようにしました。待機児童を解消するため、都市部の既存ビルの保育所転用を促す狙いです。現在、保育室は現行規定で床面積の五分の一以上の大きさの採光窓が必要とされています。建物がほとんど隙間なく立ち並ぶ都市部では窓がなかったり小さかったりする部屋も多く、保育所への転用が難しい建物がありました。規制緩和では隣り合う複数の部屋を一室とみなすことを認めています。全体として必要な採光窓面積が確保できれば、窓のない部屋も保育室として使えるようになってしまいます。

窓は外光（昼光）を取り入れるだけではなく、通風、換気、排煙、眺望、避難などの役割も果たすものです。子どもの発達だけでなく保育者が働く上でも窓は欠かすことができません。

○自治体の上乗せを最低基準に下げさせる規制緩和―最低基準の「最高基準」化

政府の規制改革推進会議は、「国を上回る基準を設けている自治体に待機児童が多い」と指摘し、基準緩和を議論する協議会の設置を二〇一七年十一月に答申しました。これを受け、来年の通常国会で子ども・子育て支援法を改正し、都道府県が任意で待機児童対策に関する協議会を設置できるようにする予定になっています。「児童福祉施設の設備及び運営に関する基準」（最低基準）は、例えば、一歳児の職員配置基準は六対一となっています。しかし、保育の質の向上のため、いくつかの市町村では条例でこれを五対一にし手厚い保育を保障しています。実は、二〇一六年三月、政府は待機児解消を目的にこのような手厚い独自基準をもつ自治体に最低基準まで引き下げるよう要請したところ、ほとんどの自治体がこの要請を受け入れませんでした。今回、都道府県単位で一斉に基準を下げる仕組みがあれば緩和しやすくなるとみています。

そもそも都道府県（指定都市）は「監督に属する児童福祉施設に対し、最低基準を超えて、その設備及び運営を向上させるように勧告することによってこれを確保しようと誕生したのが企業主導型保育事業です。企業主導型保育事業の特徴として、政府は非正規職員や短時間勤務社員に柔軟に対応でき、育休制度なども活用し、出産後も働くことができる職場環境を整備することによって企業の人材確保や女性職員の活躍推進につながるものとしています。

二〇一七年一〇月三一日現在の企業主導型保育事業助成決定は、一五一一施設、定員三五五〇八人分となっています。第一次となる二〇一六年九月の段階では、一五〇保育所、三八八七人分に助成決定していました。わずか一年で約一〇倍にも膨れ上がっていますが、目標は五万人分の保育施設設置を助成することに。本事業は自治体の認可を必要としない認可外保育施設であるにもかかわらず、認可施設並み、それ以上の整備費・運営費を助成される今までにない形態です。自治体の認可年減少し、公立保育所が毎年減少し、私立保育所がその減少を上回る数で増えてきました。この傾向の要因の一つに公立保育所の民営化がある年には前年比で、公立・私立ともに減少しましたが、これは新制度開始に伴い、保育所の認定こども園化が進展したことが要因と考えられます。

二〇一四年度から総務省は、全自治体に公共施設（保育所、学校から道路、上下水道まで含む）の老朽化状況把握と、更新・統廃合・長寿命

育の受け皿づくりです。

えて、第四条では「最低基準を超く第四条では「最低基準を超えて、設備を有し、又は運営をしている児童福祉施設においては、最低基準を理由として、その設備又は運営を低下させてはならない」と定めています。今回の規制緩和は最低基準違反であり、新制度の目的にも相反するものです。最低基準は「最高基準」ではありません。

○企業主導型保育事業の増加
—待機児童解消の主役は企業か

「待機児童解消加速化プラン」で上乗せされた保育の受け皿について、企業からの拠出金を財源として事業所内保

（2）公立保育所の統廃合・民営化

二〇〇〇年代における保育所数の年次別推移をみると、保育所総数は年々増え続けてきましたが、公立保育所が毎年減少し、私立保育所がその減少を上回る数で増えてきました。この傾向の要因の一つに公立保育所の民営化があるといえます。その後二〇一五年には前年比で、公立・私立ともに減少しましたが、これは新制度開始に伴い、保育所の認定こども園化が進展したことが要因と考えられます。

運営主体も営利企業が六割を占めています。行政がすべての認可外保育施設に行う年一回の立ち入り調査について、二割しか実施しておらず、しかも、その割合は事業所内保育施設で低かったとの東京都の事例もあります。行政が介入しにくい企業主導型保育事業の積極的展開に注視が必要です。

一が地域枠を設けておらず、四分の「自治体の認可が必要なことをうりにしています」が、「自治体の認可が必要なし」点こそ問題です。四分の

化などを計画的に行うための「公共施設等総合管理計画」の策定を求めています。「計画」策定の理由について政府は、①公共施設等が大量に更新時期を迎える、②地方公共団体の財政は依然厳しい、③人口減少等により公共施設等の利用需要が変化、等をあげています。計画を策定し、既存の公共施設の集約化・複合化を実施する自治体には、公共施設の除却費用等の財政援助がなされ、さらに公共施設最適化事業債が充当されることになりました。事業債は事業費の九〇％に充当でき、その元利償還金の五〇％が交付税措置されます。

この計画は、国が財政支援をして自治体に公共施設の縮小・廃止を促しているようなものです。総務省によると全国でこの事業債を活用して保育所や幼稚園の集約化・複合化を行った実績は、二〇一五年度は、全国二五自治体（団体）三三件中、九自治体一〇件、二〇一六年度は三九自治体四八件中、十四自治体十六件となり、この計画で集約、統廃合された公共施設の三割が保育・教育施設となっています。

公立保育所の民営化は、子どもと保護者に不安と混乱をもたらすだけでなく、保育者確保が難しいなかで、委託園分の民間保育者を新たにまるごと確保しなくてはならないという課題も提起しています。

(3) 保育者確保の問題と処遇改善策

いまや保育者不足は全国の課題になっていますが、待機児童が集中する首都圏ではより深刻です。東京都が処遇改善の上乗せをすれば、近郊都市も同様に上乗せせざるをえません。なぜなら、近郊であるがゆえに簡単に東京都内で就職できてしまうからです。いまや「保育士争奪戦」とも呼ばれる事態となっています。さらに、決して近くとはいえない他県の保育士養成校に求人を送る自治体も少なくありません。

こうした深刻な保育者不足をもたらしているのは、待機児童対策等による求人の持続ですが、それだけでなく保育者の離職率の高さも大きな要因となっています。二〇一五年一〇月一日までの一年間で、認可保育所や小規模保育などにおける保育士採用は四万三九九七人ですが、退職者も三万四四六人にのぼっており、退職補充のための採用を毎年行わなければならない状況となっています。こうした離職を促す理由のひとつに保育士の労働条件の悪さがあげられます。

常勤保育士の賃金がこの十五年ほどの間に、大幅に低下しています。また、年齢に応じた賃金上昇がほとんどなくなっただけでなく、若い世代の年収低下もおきています。保育士は地域格差があるものの低賃金層がきわだって集中する職種です。また、正規保育者の長時間労働化も進んでいます。（蓑輪明子「保育士の低賃金、長時間労働化の現状と

課題」『保育白書二〇一七年版』参照）

二〇一七年度から実施されている「技能・経験に応じた処遇改善」は、保育現場に混乱をもたらしています。これは、副主任保育士など中堅の役職を新設し、その職務・職責に応じた処遇改善を行うことにより、保育所等におけるキャリアアップの仕組みの構築を支援するものです。保育現場の管理者たちは、処遇改善を誰に支給するのか、そのための研修をどう保障するのか、研修のための参加費をどうねん出するのかなど頭を悩ませています。また、土日に開講する研修を受講する場合は、その休みの保障も必要です。一部の保育所はこうした諸問題を理由に処遇改善を申請しないところまで出てきています。

必要なのは、キャリアアップの強制や一部保育士への処遇改善財源の集中ではなく、保育者全体の賃金の大幅底上げと労働時間の適正化を図る処遇改善です。そのためには、国の責任による保育に対する公的な財政保障、適正な配置基準の実現による労働時間の適正化は不可欠です。

2 「保育所保育指針」、「幼稚園教育要領」、及び「幼保連携型認定こども園教育・保育要領」の改定・（改訂）

二〇一七年三月三一日、厚生労働省は、各都道府県及び区市町村に対して「保育所保育指針の公示について」を発出しました。「保育所保育指針」の改定は一〇年ぶりとなります。適用は二〇一八年四月一日からで、それまでは周知期間とし、研修などを通じて現場に周知するとしています。「改定の方向性」として、①乳児・一歳以上三歳未満児の保育に関する記載の充実、②保育所保育における幼児教育の積極的な位置づけ、③子どもの育ちをめぐる環境の変化を踏まえた健康及び安全の記載の見直し、④保護者・家庭及び地域と連携した子育て支援の必要性、⑤職員の資質・専門性の向上といった内容が示されています。

特徴は、「小学校との円滑な接続」のために「幼児期の終わりまでに育ってほしい姿」（以下、一〇の姿）が最上位の目標として掲げられ、それを達成するために保育計画を策定し、評価し、改善しなければならないとなったことです。また、専門委員会では議論されなかった「国旗・国歌」に「親しむ」ことが初めて明記されています。

すでに前回愛知集会で確認したように、今回の改定・改訂は、小学校に向けての「学習」重視の転換を促す意図がうかがえるものであり、就学前の準備教育、目標・課題達成主義の教育に大きく方向転換させられていくのではないでしょうか。同時に重要な点は、保育・教育内容の国家統制をより一層強めることになりかねない点です。

私たち保問研は、乳幼児期における豊かな環境と経験によってこそ、生涯にわたる人格全体の育ちや社会性の発達が促進されることを追究し続け、実践を積み上げてきました。保育現場からは改定指針の養護的側面の軽視や「家族を大切にしようとする」点、「一〇の姿」に対して、子どもを丸ごと理解していく養護的な側面が丁寧に展開されてこそ、一人ひとりの成長を支えることができること、「家族を大切にしようとする」のは自己抑制につながりかねないこと、おとな主導で子どもをその姿に近づけるのと仲間との生活のなかでさまざまな経験を経てその姿に近づくのとではまったく意味合いが違うことなどがそれぞれ指摘されています（『季刊保育問題研究』二八六号）。

3 幼児教育無償化の動向

政府資料によれば、幼児教育の無償化は二〇〇六年の小泉政権下「経済財政改革の基本方針二〇〇六」から盛り込まれ、毎年閣議決定されています。具体的には、「幼児教育の将来の無償化について、歳入改革にあわせて財源、制度等の問題を総合的に検討しつつ、当面、就学前教育についての保護者負担の軽減策を充実するなど、幼児教育の振興を図る」とされ、財源確保と抱き合わせの政策として扱われています。他方、文科省も二〇〇八年には幼児教育の無償化について総合的に検討するため、「今後の幼児教育の振興方策に関する研究会」を組織し、翌年に発表した中間報告のなかでより具体化されました。そして、二〇一二年に子ども・子育て支援法等関連三法の成立の際に出された附帯決議にものせられています。その後、二〇一七年の衆院選でも自公政権の公約となり、政権奪取のあと具体化が進められています。

幼児教育の無償化は二〇一九年度から段階的に実施し、二〇二〇年四月に全面実施の予定です。無償化するためには、最大約一・二兆円かかるとの政府試算が二〇一七年九月にありました。しかし、三歳～五歳児は全世帯無償ですが、ゼロ歳から二歳児は住民税非課税世帯のみ無償という方針のため、合計八千億円という試算が報道されています。また、認可外施設等を無償化の対象にするかどうかは、子ども・子育て会議とは別の有識者会議を新設して二〇一八年六月をめどに結論を出すとしています。財源は、二〇一九年一〇月から実施予定の消費税一〇％への引き上げによる増収分（約五・六兆円）などの一部を活用することになっています。

しかし、多くの子育て家庭が願うとおり、いま政府が多額の財源を使ってすべきことは幼児教育の無償化ではなく、待機児童の解消です。幼児教育の無償化は、閣議決定されてきたとはいえ、実際には「選挙の道具」「政争の道具」にされてきました。選挙公約で「幼児教育の無償化」をうたいながら、選挙が終わると財源不足等を理由に実現することはありませんでした。

本来「幼児教育の無償化」は子どもの立場に立って検討されなければなりません。世界先進国が幼児教育に力を入れています。幼児教育が貧困を連鎖させないための機会の平等だけでなく経済成長にとっても重要で、社会全体の利益になることを理解しているからです。子どもが育つ社会を豊かにするための「幼児教育の無償化」でなければなりません。

Ⅳ　保問研運動（活動）の発展のために

1　第五六回全国集会（愛知集会）

二〇一七年、第五六回全国保育問題研究集会は、愛知で開催され、一五七五名の参加を迎え成功をおさめました。東海市芸術劇場と日本福祉大学東海キャンパスの二つの会場で開催されたこの集会は、前回二〇〇二年に行われた愛知集会を大きく上回る集会となりました。

本集会では、第一に「子ども・子育て支援新制度」が実施されて二年が経過するなかで、待機児童問題は解決されず、保育士不足は解決されず、依然として保育士の劣悪な処遇の問題は残されたままの状況をどのように打開するのか、また企業主導型保育事業等、新たな「規制緩和」・「民営化」にどのように対処するのか、子育て支援員制度の新設がもたらす職場への弊害など、つぎつぎと打ち出される政府の政策の諸課題が検討されました。

第二に、「保育所保育指針」、「幼稚園教育要領」、「幼保連携型認定こども園教育・保育要領」が改定（改訂）され、二〇一七年は周知期間となった重要な年に開かれた集会であるため、改定（改訂）「指針」、「要領」、「教育・保育要領」のもつ問題点が議論されました。

第三に、保問研集会のメインである分科会での実践をもとに保育を学び語り合うことができました。愛知集会では、過去最大であった東京集会での提案数八八本に並ぶ八八本の提案が出され、二日間にわたり、各分科会ともに保育実践、政策、運動、平和など保育にかかわるすべての分野で学び語り合える充実した時間をもつことができました。

第四に一九五九年の伊勢湾台風災害の救援活動からはじまった愛知保問研の実践記録「レンガの子ども」の精神を引き継いで災害時、私たち保問研がどのように活動すれば良いのか見通しをもつことができ、東日本大震災での実践を生み出し、熊本での実践を学ぶことができました。こうした実践を学ぶことによって、私たちはいっそう、社会のなかで保育園が果たしている役割を確認することができました。

前回二〇〇二年以来、十五年ぶりの開催となった愛知集会は、愛知・岐阜・三重の仲間による共同的な準備のもと「まなび つながり みとめあい せーので一歩」をメインテーマとして全国の保問研の仲間がつながりあうこと、そして、子どもたちへの保育・幼児教育の実践の原理を深めることへの願いや思いを込めて開催することができました。本集会も「世代交代」を意識

して若い人の発想とエネルギーを大切にした企画が取り上げられました。オープニングの郡上おどりは東海三県のメンバーで行うなど、東海地域のつながりも広がりました。世代間や地域間、学生も交えての保問研や愛知保問研の良さを「まなび つながり みとめあう」そして全国から集まった仲間が光り輝き「せーので一歩」と踏み出す集会が見事に実現した愛知集会となりました。

2 『季刊保育問題研究』

『季刊保育問題研究』は、保問研の機関誌として全国の保育実践と保育者の思い、研究論文の掲載により、保育の理論と実践をつなぐ重要な役割を果たしています。日本の保育理論と実践を高める研究誌として、また、実践の方向性を明らかにできる提言誌として、保問研の仲間の声が聞け一九七二年度の第十一回集会から二七度の第十一回集会から九七二年の第十一回集会から発足した乳児保育分科会が発足した乳児保育の歴史を踏まえ、今改めて「豊かな乳児保育とは何か?」を問いかける内容となっています。

今年度は二八三号から二八八号まで発行しました。この二八三号では「今の時代 豊かな『乳児保育』とは何か」という特集が組まれました。子ども主体の生活からおとな主体の生活への社会的背景の変容や待機児童解消を口実にしたさまざまな規制緩和、新制度による乳幼児施設の多様化、企業参入の増加に伴い営利事業化する乳児保育などのることも示されました。

かな身体づくり、をはじめとする人間らしい生活づくりとうリズムづくり、健康でしなやかな身体づくり、をはじめとする人間らしい生活づくりととらえること、そして集団保育のなかでこそ、子どもの社会性や豊かな人格発達が促され、友だちとの共感・共有関係を育むことができることが明らかにされました。そうした保育を行う上で保育者同士の良い関係、保護者との良い関係をつくることが前提となる

社会制度的問題が大きくなっている現状のなか、保問研の乳児保育分科会が発足した一九七二年の第十一回集会からの乳児保育の歴史を踏まえ、今改めて「豊かな乳児保育とは何か?」を問いかける内容となっています。

子どもの基本的生活は生活

二八五号の特集は「あらためて『課業』を考える」でした。二〇一八年の「幼稚園教育要領」「保育所保育指針」改訂の議論のなかで、五歳後半の「幼児期の終わりまでに育ってほしい姿」が一〇項目提起されたこの時期に、保問研として、あらためて「課業とは」や「発達」「生活」「あそび」「集団づくり」「行事」との関連で考えることは大きな意義のある特集でした。

宍戸・亀谷両氏による対談で「課業」という言葉の歴史から説き起こし、課業とケアの一体的な営みをどのようにつくり上げていくかという課題も提起されました。

二八六号の特集は「改定『保育所保育指針』・改訂『幼稚園教育要領』を読み解く」でした。この特集について研究者、保育者、園長など各分野から幅広い意見を掲載できたことが大きな成果だと言えるでしょう。「学校的社会化」の視点、法的問題の視点、オーストラリアとの比較の視点、過去の指針・要領との比較の視点、保育者からの視点、園長からの視点、こうした多面的複眼的な視点で「指針」「要領」「教育・保育要領」を読み解くことができた特集でした。

二八八号の特集は二つで、特集一「日本の保育を再発見する～海外の保育から」、特集二「第三四回　全国保問研夏季セミナー報告」でした。

特集一はドイツ、デンマーク、ネパール、韓国での保育の状況を明らかにしながら日本の保育を再発見する幅広い取組で、それぞれの国の子どもたちが生き生きと描かれていました。特集二では三四回夏季セミナー「今こそ子どもたちに平和なあしたを」と題してウィンフィールドひろみさんの開催趣旨が掲載されています。詳細は次節で紹介します。

3 第三四回夏季セミナー

第三四回夏季セミナーは「乳幼児期の平和教育」分科会の運営委員によって企画され、「今こそ　子どもたちに平和なあしたを」というテーマで広島で開催されました。オープニングは広島保問研のみなさんの歌「おりづる」「夏の樹」、記念講演は「二〇一七夏―いま、平和のために何ができるか～ヒロシマから考える～」と題して日本ジャーナリスト会議広島支部代表幹事・広島修道大学非常勤講師の難波健治氏が行いました。

一日目は実践報告三つが議論され語り部によるヒロシマの話も語られました。二日目は二つの講座が持たれました。参加者は一九四名でした。今まで「乳幼児期の平和教育」分科会でつくり上げた成果とともにこれからどのように進むべきなのかが活発に議論されました。

4 保問研の主な活動・事業

全国保問研には出版刊行委員会、『季刊保育問題研究』編集委員会、保育政策検討委員会、ホームページ委員会、研究推進委員会、が置かれ、それぞれ、その時期に必要な活動を行っています。保問研の研究と実践の成果と課題を検討する委員会となっています。

被災地支援活動として、これまで集めてきた支援金を福島保育連絡会と熊本保問研に送りました。また、宮城県亘理町より、これまでの支援活動に対して感謝状が授与されました。ネパール大地震への支援金で現地に絵本文庫が建設されたと桜井ひろ子氏（仙台保問研）より報告を受けました。震災学習部として熊本を訪問し、被災地の状況を捉えながら、愛知集会での特別講座の内容を企画しました。

今後も保問研だからこそできる支援活動や学習を継続していきたいと思います。

おわりに

二〇一八年の保問研全国集会は兵庫で開催されます。二〇一七年の衆議院選挙を受けての政府のあり方が問題とされるなか、引き続き、待機児童問題、保育士の処遇問題、貧困と格差の問題、沖縄米軍基地問題、原発再稼働問題などが問われています。集団的自衛権容認の安保法制が可決された現在、現実の問題として憲法九条改悪が議論の俎上にあがっています。保問研としてもこうした問題についてどのような方向性を示すことができるかが問われている今こそ、何をするべきか、何が大切かを考えるためにも兵庫集会のメインテーマである「学び合おう、いのちあるみんなが、しあわせになるために」保育と実践と研究を深め、みんなで生きること、つながることの大切さを実感し、安心して暮らせる平和で民主的な社会をつくり続ける集会にしましょう。

また、これまで保問研八〇年の歴史が築いてきた研究と実践の活動を継承・発展させ、子どもたちの幸せと誰もが「安心して質の高い保育を受ける権利」が保障される社会を実現させるためにみんなで学び合いましょう。

基調提案作成委員
黒澤祐介（兵庫保問研）
大野孝子（兵庫保問研）
中村強士（政策検討委員会）
合田史宣（全国常任委員）

この基調提案（草案）についてのご意見は、全国保問研事務局に電子メールまたはＦＡＸにてご連絡下さい。

E-mail：zenhomon@peace.ocn.ne.jp
Fax：03−3818−8026

全国保問研 二〇一七年度 第一回常任委員会 報告

事務局だより

日時　二〇一七年十二月三日（日）十一時〜十七時
場所　京都・京都華頂大学
出席　横井洋子（北海道）・丹野広子（仙台）・遠田えり（北埼玉）・河合隆平（石川・司会）・高見亮平（東京）・石原剛志（静岡）・西川由紀子（京都）・長瀬美子（大阪）・徳永満理（兵庫）・吉川継史（広島）・合田史宣（愛媛）・古林ゆり（福岡・記録）・山並さやか（熊本）・横井喜彦（HP）・中村強士（保育政策）・入江慶太（季刊編集長）・黒澤祐介（兵庫集会実行委員長）・兵庫集会実行委員会の皆さん・山並啓（熊本集会副実行委員長）・京都保問研の皆さん・横井美保子（事務局長）・伊集院郁夫（季刊編集）

西川代表挨拶

書籍『君たちは忘れない』（草土文化）、『けんちゃんとトシせんせい』（金の星社）、福知トシさんの『母と友』インタビュー記事を紹介しながら、映画『おおきくなぁれ』（仮題）の製作について報告。「戦後六一年を経て、今、戦争の準備が周りから固められてきている〜」と福知さんがおっしゃっていた時よりも、今、さらに厳しい現状にある。それも静かに戦争への道を固められているような動きのなか、映画製作への後援、出資についての話があった。

映画がつくられることで、これから先、五〇年後、自分たちがいなくなっても、私たちが大切にしてきた「保育」「平和」を残せるのではないだろうか。午後に映画会社の方が来られるので、いろいろ聞いて検討したい。

議題

一　第五七回兵庫集会の準備状況について

徳永兵庫集会事務局長より

○集会案内（案）について

①記念講演について

手塚治虫プロダクションの松谷さんに依頼したが、三月まで待ってほしいという連絡。現地としては「待つ」という結論。集会案内の「記念講演」の欄に「手塚」の名前を出してはいけないとのことなので、どう記載するか検討をする。万が一、断られた場合は、代替案を常任委員にかける。

②歓迎行事について

熊本の山並啓さんから指導を受けながら劇『いきる』の

練習に取り組み中

③特別企画……手塚治虫の映画を予定

④特別講座……十五の講座を予定。その内ベビーマッサージの講座のみ定員を二〇人とする。

○兵庫集会予算案について

・参加者一二〇〇名で予算を立てている。

・旅行会社への委託金について、実際にかかる経費を旅行会社に問い合わせ金額を決めた。

・参加費は前年通りとするが、兵庫大学は保育士養成校でもあるので、学生の学びの場を広げるために現地の学生に限り特別価格とする（但し、現地案内のみに掲載する）。

・最寄駅の東加古川駅から大学まで兵庫大学のスクールバスの借用も含めて検討している。バス代は（二日間利用）千円で検討中。

○その他

・ファックス申し込みの手数料は例年通り。受付後、ツーリストから申し込み者に返信をするように依頼する。

・乳児保育分科会の申し込みのところには（〇、一、二歳）の項目を設けてもらい、おおよその希望を事前に把握する。

・プレ集会を二月十一日に兵庫大学で行う。参加費無料とし、若い人、いろいろな人に広げていきたい。その代わりにプレ集会冊子に広告を掲載し、広告料をとって対応したい。

○集会テーマ、サブテーマについて

・サブテーマの「持続可能な」というのは何を持続するのかについて意見交換し、「持続可能な福祉社会」などわかりやすい表記を検討する。

○基調提案について

・サブテーマのすべてに触れたほうが良いのではないか。

・「兵庫の保育の歴史」で阪神淡路大震災と保育所認可に関すること、共同保育所についての歴史について、兵庫特有の地域間での違いなども入れておくとわかりやすくなるのではないか。

・「持続可能な……」という意味について、現在、持続可能なシステムになっているとは思えないので、誤解されないような表現を検討する。

・「しあわせ」「幸福」の定義についての説明が必要なのではないか。

・幼児保育無償化について、財源が確保されていないことを指摘するとともに、そのことを政策の道具しているのではないかという指摘を入れてはどうか。

・保育士と表記するか、保育者とするか統一する。

○分科会提案予定について

・十二月三日現在、全国から七七本の予定。

・提案数が八〇本になるように近隣の保問研に声掛けをし

ていく。

○**集会宣言起草委員**

遠田えり（常任委員）・若林宏子（兵庫）・川上隆子（熊本）・吉田房枝（愛知）

二　第五八回全国保問研・熊本集会について

山並熊本集会事務局長より

・事務局体制を整え、三回の実行委員会を経て、実行委員も七四名集まっている。

・集会イメージとして「Ｒｅｂｏｒｎ（リボーン）」を提案した。再生・復活の意味がある。

・旅行会社は、名鉄観光熊本支店に依頼。

三　第五九回全国保問研・京都集会について

京都保問研より

・三月に一回目の集まりを予定している。服部敬子さんが実行委員長、下條拓也さんが事務局長になる予定。

・その後、第六〇回全国集会は仙台、第六一回全国集会は北海道を予定。

四　映画「おおきくなぁれ」（仮題）について

○**企画・製作をしている「協同組合ジャパン・スローシネマ・ネットワーク」の金井さんから映画製作の主旨を伺い、後援と出資について討議する。**

○**金井さんより**

・子どもたちの健やかな成長を願い、命、平和が危うくなっている今だからこそ、平和や民主主義というものを伝えていきたいという思いで活動している。来秋から始める上映運動に賛同し、出資して市民プロデューサーにもなってほしい。

○**常任委員より**

・保問研の先駆者たちの実践である疎開保育が取り上げられ、この先、映画を通して伝えられる。できるだけ事実に基づいて製作をすすめてもらいたい。見学を歓迎するので、保育現場をきちんと知っていただいた上で製作してほしい等、要望を伝える。

・全国保問研として後援することを満場一致で承認する。

・今後は、八月の大阪合研で試写会を予定しているとのこと。夏季セミナーが東京開催であるので、その時に全国保問研として上映会を企画したい。

五 会計中間（七月～九月末）報告　全国事務局長より

○会計事務所の確認を経て

・今年度は、七月から九月末まで一度、会計事務所を確認してもらい、十二月の常任委員会で報告できるように準備をした。収支に相違はない。
・今回の報告に合わせて報告するが、愛知集会実行委員会から十月初めに集会配分金の入金を確認している。

○西川代表より　映画製作出資について

・夏季セミナーの参加者がここ数年多く、財政として順調。研究や学習を企画し、会員への還元を考えるべきではないかと会計監査より指導を受けている。そこで、映画製作への出資も研究・学習の一貫となるのではないだろうか。また、映画会社も監督、プロデューサー、俳優陣も信頼できることを確認できている。
・全国保問研でも製作会社の方から話を聞き出資予定。
・京都保問研でも製作会社の方から話を聞き出資予定。
・全国保問研として一口出資することを了承する。

六 夏季セミナーについて　長瀬さんより

○「乳児保育」夏季セミナー準備会（十二月二日・大阪）の報告

・二〇一八年八月二五日・二六日　首都大学東京にて開催。
・会場を青山学院大学で検討していたが教室の使用許可の兼ね合いなどもあり、首都大学東京へ変更する。

・テーマ……一人ひとりが「生活の主体」として育つ乳児保育。
・二日間で実践提案六本を取り上げる。
・参加費は、今年から一般六千円、学生三千円とする。
・案内作成担当は長瀬さん、当日要綱作成担当は中川さん、菱谷さん。
・会場、受付担当は、東京保問研。
・基調提案では、「乳児保育の発展の歴史」「乳児保育分科会の到達点と課題」を丁寧に話す予定。その後の実践提案の基になるように三人のシンポジストに話してもらう。
・次回の準備会は二月を予定。

七 研究推進委員会震災学習部報告　古林さんより

○震災学習部の役割の確認

① 全国集会時の特別講座の企画運営。
② 全国集会の際の震災支援活動や復興の様子のパネル展示の担当。
③ 震災関連の出版の検討。

・今後の活動は四名（三浦和恵・千葉直紀・古林ゆり・山並さやか）で行っていく。
・一月二八日に仙台の亘理町で震災学習部の学習会と会議を行う予定。

八　保育政策検討委員会報告　中村さんより

○一〇月二八日に保育政策検討委員会を開催

・保育をめぐる情勢について、ミニレポートを持ち寄り情報交換を行った。

・兵庫集会における特別講座の内容を検討し、「保育を受ける権利と待機児童解消問題」と題し、シンポジウムを行う予定。

九　ホームページ委員会報告　横井喜彦さんより

・新着記事を随時更新している。

・ホームページへの誘導を目的として、ツイッターを開設。

十　「季刊保育問題研究」編集委員会報告　入江さんより

○二八八号（十二月末発行予定）の内容について

・特集①「日本の保育を再発見する～海外の保育から～」特集②「夏季セミナー報告」

○二八九号（二月末発行予定）の内容について

・特集「便利な生活と子どもの育ち」

十一　出版刊行委員会報告　伊集院さんより

・「保育時間と保育内容」・「震災と保育」・「身体づくり」（少し遅れています）の刊行準備中。

十二　各地保問研より

・集団づくり分科会運営委員の脇信明さんが「長崎保問研」の窓口になり、活動を再開できるようにしていく。

・岐阜保問研、兵庫集会では提案ができないが、熊本集会では提案を出したい。

十三　次回日程

・二〇一八年七月に予定している。常任委員の予定を調整し日を決める。

（文責・全国事務局）

関西→名古屋→高知→東京→愛知・岐阜・三重→京都→東京→愛知・岐阜・三重・長野→広島→東京→福岡→静岡→愛知→北海道→京都→広島→石川→愛媛→松本→東京→仙台→愛知・岐阜・三重→大阪→北埼玉・群馬・茨城・埼玉→兵庫→大分→静岡→京都→北海道→東京→愛知→滋賀→高知→仙台→福岡→

全国集会瓦版

全国保問研兵庫集会はじまるよ〜

（兵庫保問研）
前田　亮

いよいよ全国保問研兵庫集会も、開催まで半年を切りました。実行委員達は、内容を具体化していくため、慌ただしく準備に追われる日々が続いています。実行委員会では、若い実行委員長を迎え、経験豊かな今まで保問研を担ってこられた人たちと、次の世代を担っていくであろう人たちとが、活発に議論を交わしています。例えばプレ集会一つについても、「どこの園も発表会の時期やし、午前中にやってしまった方が、午後が空いて、職員たちには、負担が軽くなるんちゃいます？」「でも主婦の人らは、午前中に家事をするから、午後の方が助かるで！」など、自由意見が飛び交います。一つのことを決めていくにしても、ただ事務局から決められたことをやるだけではなく、提案されたことについては、みんなで意見を交わし合い、それでもまとまらない場合は、アンケートを出したりしながら、ゆっくりと一歩ずつ進んでいます。

そして、記念講演については、今回の兵庫集会の「学び合おう、いのちあるみんなが、しあわせになるために」というメインテーマにピッタリで、兵庫にゆかりのある、著名な方にオファーを出しています。また、日程調整中ですが、実現に向けて、実行委員長が粘り強く、現在も交渉を続けています。しかし、交渉中ということも集会案内への掲載との関係で、実行委員のなかでも、どこまでその人にこだわるのか、ということで意見が分かれました。

そしてその議論のなかで、今回の記念講演のコンセプトについて、実行委員でもう一度確認しました。そ

れは、

①今回のメインテーマに沿ったような人で、広く〝しあわせ〟について話せるような人

②一般の人にも、幅広く認知されているような方で、保問研会員外の人たちにも、広く参加を呼びかけられるような人

の二点です。実際にその講演予定者については、日程調整中ということで、ひき受けていただけるか未知数な部分が多いのですが、私たち実行委員一同、よい返事がもらえることを信じています。

そして、その一方で、代替案についても、しっかりと準備を進めています。代替案も〝しあわせ〟というテーマに沿った、参加者の皆さんに、満足してもらえる企画を用意していますので、どちらにしても〝記念講演〟の枠は、楽しみにして、待っていていただけたらと思います！

そして、全国の皆さんを迎えるにあたって、兵庫集会の実行委員が、力を入れて取り組んでいるのが、歓迎行事の劇「いきる」です。二三年前に起こった阪神・淡路大震災をテーマに、実際に神戸で起きた事実を元にしたショートストーリーと、絵本を元にしたお話で、「震災」と「生」について、考える内容になっています。実際にそのときを生きた人々の〝声〟や、〝想い〟を、伝えようと、兵庫県下の保育所職員有志が、現在も、歓迎行事での披露に向けて練習を重ねていっています。

そうしたなか、今回の劇では、次

回の全国保問研の開催地である熊本の山並啓さんが、台本の作成と演出で、兵庫と一緒に劇づくりに取り組んでいます。震災を風化させないために、協力してほしいという兵庫の想いに応えて、今回の劇づくりに快く協力してくれることになりました。

実は私が初めて台本を手にしたときは、演劇に無知なため、正直なところ「これをどうやって劇にしていくんだろう……」と、イメージが湧きづらかったのですが、啓さんが台本の意図を伝え、みんなで読み合わせをしていくなかで、情景が浮かびあがってきて、気がついたら自分の頬に、涙がつたっていました。

こんな素敵な話を作れる人とは、一体どういう人なんだろうと思っていましたが、一緒に食事をし、話していくなかで、その人柄がよくみえてきました。アルコールが入ったときの啓さんは、まぁ陽気な人で「明日もあるし、もうおれはそんな飲まんけん！」と言いながら、ハイボールを何杯もおかわりします……。そして一回ぐらい店員さんに怒られて、最後は一緒に酒を交わした人たちと、ハグをして別れる……。そんな楽しい一面もありながら、劇作りになると、うって変わって、真剣なまなざしになり、劇の練習をみて「いや〜〇〇さんは、声が大きくていいね〜！じゃあ次は、しっとりした声バージョンでやってみようか！」と劇団員のやる気を引き出しながら、方向性を示す言葉がけをされます。台本を作り、何度も兵庫に足を運んでくれる、啓さんに、実行委員一同が、感謝をしながら、兵庫と熊本で一緒に劇づくりに取り組んでいます。

劇の練習は、

本格的には、まだ始まったばかりですが、それぞれが台本を読み込み、その登場人物に気持ちを重ねながら、練習を重ねています。最初は、声があまり大きく出なかった劇団員も、何度もそのシーンを繰り返すことで、少しずつ大きな声が出て、自信をつけた表情になっています。台本を読み合わせたり、立ち稽古をするなかで「このシーンは、配役何人ぐらいいるんやろか?」「なんかこのシーンやったら、道具なしの表現でいけるんちゃうかな」「練習する際は、始まりと終わりには、合図出してもらえたらわかりやすいかな!」とみんなで話し合いながら、劇を作っています。

兵庫は長年、劇づくりに力を入れて取り組んできました。兵庫保問研では、毎年すべての年齢で、ごっこ・劇あそび・劇づくりの実践発表をし、学びを深めています。今回の劇「いきる」も、自分たちで演じるだけではなく、保育のなかで活かせる多くの学びを、得ることができました。そのなかでも「表現」については、熊本のやまなみこども園さんから、「草や木の表現」や「踊りの表現」について、今までの兵庫にはない新しいエッセンスをいただきました。

そんな真剣に取り組んでいる歓迎行事の劇「いきる」や、少しいつもとは違った、新たな試みとなる「記念講演」の他にもまだまだ、見どころはたくさんです! 皆さんが来ていただいてよかったと思ってもらえるような全国集会にしていくため、実行委員一同、全力で準備を進めていますので、六月一日二日、三日は、皆さんでぜひ兵庫にお越しください!

(まえだ・りょう)

わが園には、保育実習や見学にきた学生が採用を願い出ることがある。採用計画のないときだったが、熱意に打たれてなかまになってもらった。これまで、〇～一歳児、〇歳児、一歳児を担当し、四年目の今年は二歳児担当。養成校では私の教え子でもあり、期待どおり若い保育者たちの牽引役として活躍している。園庭を走り回って、子どもたちとの歓声が聞こえる。子ども観察も詳細にして的確で、丁寧に実践記録を残してくれる。地域の環境を生かし、子どもと保護者の願いに応える保育を、なかまと大胆にすすめてほしい。

（森山幸朗）↘

なかまに

小さい頃に思った気持は今も変わらない

上代紗代
Sayo Jodai
（島根保問研・あおぞら保育園）

「自分でできるけん、やらんで！」S君にそう言われたのが昨年の五月。ずっともち上がりで、三年間一緒にS君とすごしてきた私は、まさかそんなことを言われるとは……と驚いた。S君は二歳児クラスのなかで一番上で、身体を動かすことや、おしゃべりが大好きな、四月に三歳になったばかりの男の↙

子。しかし、自分の思うようにならないと「できらん、やって」と保育者を頼り、自分でやろうとしない姿がある。そんなS君とのかかわり方がずっとわからなかった私は、まず仲良くなってS君のことを知ろうと思った。同じ目線になって声をかけたり、共感したり、S君の気持ちを受けとめようと丁寧なかかわりを心がけていった。小さなつぶやきでも聞き逃がさず、会話を楽しみながらすごしていくと、徐々にS君との信頼関係も築け、一緒にあそぶことも増えていった。しかし、「やって」と自分でできないことを、人に任せようとする姿は変わ

ようこそ 保育

上代紗代さん を紹介します

らなかった。どうやったらS君が自分でやろうという気持ちになるのかを考え、自分の今までのかかわり方を振り返ってみた。たしかに、S君の気持ちを受けとめることはできていたのかもしれない。しかし、二歳〜三歳児の発達として、子どものできる可能性を自分が奪ってしまっていたのではないかと気が付いた。S君が「できない」と言ったときに「まあ、三歳になったばかりだから……」と手を貸しすぎていたのである。丁寧なかかわりや援助をすることは大切だが、見守って自分でやろうとする気持ちを育んであげることが何よりも大切な

ことなのだとわかった。自我の芽生えから、何でも自分でやりたいと思う気持ちは、その子の大事な意思表示で、おとながやってしまうと、子どもがやる気をなくしてしまい、その結果、自分でできなくなるのだと考えることができた。

それからかかわり方に気を付けていくと、少しずつS君の行動も変わってきた。それまではやってもらうのを待っていたが、自分でやろうとする姿がみられるようになってきたのである。

そのとき頑張っていたのが、パジャマのボタンをとめること。指先を器用に使って集中しなければ、なかなか難しいことである。自分でやろうとする気持ちはあるが、うまくできないと着替えるのをやめることも何度かあり、そのたびに声をかけて励ましていた。

何度も何度も諦めそうになっていたとき、一度だけ「やろうか」と声をかけたことがあった。すると「自分でできるけん、やらんで！」と言ったS君。それから毎日やり続けていると、ある日、「やったー！　できた」と大きい声が部屋中に響いた。パジャマについているボタンすべてを、一人でとめることができたのである。そのときの、本当に嬉しそうなS君の笑顔を、私は一生忘れない。あんなに苦労していたことをやり遂げたときの嬉しさは、S君の自信に繋がったことだろう。そして、あらためて自分がこの可能性を奪ってしまっていたのだと反省した。毎日の積み重ねの大切さを実感した出来事だった。

今、二歳児クラスを担当していて、大切にしていることがある。二歳児〜三歳児は言葉も多く出るようになって、おしゃべりが楽しくなる年齢である。子ども同士のかかわりも増えて、あそびのなかでほほえましい会話が繰り広げられる。その一方で、トラブルも多い。子どもによってさまざまだが、自分の思いを相手に言葉や行動で伝える姿をよく見るようになった。同年齢だからこそ、言いあうことができるのかと思うこともある。そのため、危ないことがない限りは見守るようにして、子ども同士が思いを伝えあえるようにしている。

S君とのかかわりや、現在、保育をしているなかで「見守る」ということの大切さを知った。また、子どもの可能性を信じることや、日々の積み重ねを怠らないことなど、保育者として、子どもにとって、どうしたら一番いいのかを最優先に考えることが必要だと思った。S君だけではなく、一人ひとりの子どもの発達を考えて、それにあった保育を考えていかなければいけないと感じた。「できた」という達成感はもちろん大事だが、それまでの過程をしっかりと見て一緒に乗り越えることで、共に成長できるのだと思う。現在のS君は、ボタンとめが一人でできたことが、一つ自信になって、今も新しいことにつぎつぎと興味を示している。

S君とかかわっていたとき、ふと小さい頃のことを思い出した。私が幼稚園に通っていたときの担任の先生。いつも明るく、子どもと同じくらいあそびにも全力だった。あそびのなかで、危ないときには助けてくれるが、けっして「ダメ」と否定することはなく、子どもがやりたいと言ったことを応援して、そっとそばで見守ってくれた先生だった。そして、最後まで諦めずにやり遂げる達成感をもてるような保育をしてくれていたのが、とても印象的だった。この先生に憧れて保育者をめざして、今年で保育者四年目。まだまだわからないことばかりで勉強の日々だが、それでも小さい頃に思った気持ちは今もかわらない。

（じょうだい・さよ）

連載

私の原風景

保育者として育ってきた素地

横山　順
Jun Yokoyama

今年で七一歳になった。四〇年間の保育者生活を終え、その後六五歳までの六年間は保育者養成の仕事をしてきた。現在はほとんどの時間某出版社でお手伝いをしている（たまに保育園訪問をし、保育者たちと学習会をしているが）。

三五歳のときに本誌に「保育者のあゆみ」を書いてから三六年たっている。丁度倍の年月がたった現在は、保育現場にいないので保育実践は書けない。エッセイなら書けるかな、と安易な気持ちで引き受けてしまった。

さて、「原風景」とは……。インターネットで調べてみると、

「原風景（げんふうけい）は、人の心の奥にある原初の風景。懐かしさの感情を伴うことが多い。また実在する風景であるよりは、心象風景である場合もある。個人のものの考え方や感じ方に大きな影響を及ぼすことがある。」

そこで、おもに「個人のものの考え方や感じ方に大きな影響を及ぼすこと」

について書いてみた。

私が生まれたのは、東京都中央区築地一丁目新富町である。今話題になっている〝築地市場〟に近く、銀座も近い。そこで五歳まですごした。

戦後まもなくの銀座には、大きな建物は三越、高島屋デパートぐらいしかなく、自宅からはデパートの屋上の三角の旗が見えていた。自宅の裏には川があり、何本もの丸太が繋がれ筏にされ、船頭さん（？）が竿で操り下流の材木屋に運んでいた。川のまわりには何軒もの材木屋が立ち並んでいた。現在はその川も高速道路になっている。

父は、銀座一帯を取り仕切るテキヤ（香具師）だった。人を使って〝あまぐり〟〝南京豆〟など主に「歌舞伎座」に来るお客を相手に商売をしていた。自宅には〝若い衆〟が何人も寝起きし、母はその人たちの賄いを一手に引受けていた。毎日のように築地警察の人たちが来て宴会を開き、大騒ぎをしていた。それは縄張りを貼る父には、大きな仕事だったと思う。権力に媚びないと仕事ができなかったのだ。現在もそのような状況はまだあると思う。しかし、子どもの私にはそんなことはわからず、タダ酒を飲み、大声で歌う「権力者」に嫌悪感をもち始めていた。

私たち兄弟（姉、私、弟）は〝おばば〟と呼ばれているお手伝いさんにもっぱ

ら世話をされていた。

いろいろあっても、そんな大勢の人に囲まれて育ったので、「人のなか」にいると居心地がよく「人」と接することは楽しかった。「人」が好きという気持ちが育ち始めていた。その気持ちは後に「保育者」になる素地になったかもしれない。

さて、父が脳溢血で倒れ、亡くなると、母は再婚し東京都北区東十条に引っ越した。

〝おばば〟も一緒に越してきたが、すぐに親戚の家に引き取られて行った。東十条は、江戸時代から有名な桜の名所「飛鳥山公園」「名主の滝」などがある王子のとなり。町内会でよくあそびに連れていってくれた。

「名主の滝」では滝から流れる細い川に金魚が流され、金魚すくいを楽しんだ。都会ならではのあそびである。いまはこの「名主の滝」の隣にあるマンションに住んで三六間年が経った。

東十条で私が影響を受けた人は、町内のおばさんである。この人は、とても世話好きでいい人だった。母が生みの親ならば、このおばさんは育ての親である。「順ちゃん、ご飯食べていきな」「順ちゃん、いつでも本を読んでいいよ」わが家にない「グリム童話全集」「日本むかし話全集」などがそろっていて、だ

れもいない部屋でむさぼるように読んだ。「順ちゃん、はいおやつ」とわが子同然に接してくれた。世話をすることが苦にならない人だった。私はその家に入りびたっていた。そこでは世話をされる心地よさを感じていた。そのことも、保育者なる素地になったかもしれない。

さて、小学校、中学校時代の教育は、戦後間もない頃だったので〝民主教育〟が徹底されていた。小学校の六年間は、なんと同じ担任で、おんな先生。子育てしながらの働く女性。その後校長試験にも合格し、まだ数少ない女性校長になった。〝女だから〟〝男だから〟という区別はなく〝人間〟として生きる姿を見せてくれた。

中学校時代は、目立ちたがり屋の性分が高じて生徒会活動に積極参加。そこでは民主的な手続きや方法を経験したと思う。私は、生徒会の書記に立候補し、友人に応援演説を頼み、選挙活動。そして書記に当選し、生徒会会長といっしょにNHKテレビに出演、そのときのゲストは「山びこ学校」の無着成恭さんだった。

私にとって学校は、民主主義の学校だった。

思い出すままに「原風景」を書いていくうちに、私が「保育者」として育ってきた素地が、少しわかったような気がした。

二〇一七年十一月七日記

（よこやま・じゅん）

連載

私のターニングポイント

保育を考える 集団づくり・指導とは

渡辺智美
Tomomi Watanabe
（三重保問研・ことり保育園）

最近「集団づくり」「指導」って何だろう…と思います。子どもの「個」を大切にしていくことと「集団」の楽しさを考えること……保育者が行う「指導」とは……。

私は、これまで集団づくりの分科会で、グループ・リーダー・話しあい活動、目標に向かうなかでの達成感など多くのことを学んできました。でもここ数年、どこかこの考え方だけでは子どももおとなも大変さを抱えるような保育を感じます。「あなたの思いはわかったよ。でもね……」「○○の方がもっと素敵だよ」と思いを受け入れながらも保育者の思いを促す言葉、また「何かができる」という達成感はもっと日常にあるのでは……。今、指針が変わるなか「集団づくりとは何か」「指導とは何か」をもう一度深め、いろいろな角度から皆で考えていきたいと思います。

1 「年齢別保育」から「異年齢保育」にして学んだこと

異年齢保育では、子どもたちは多様な認識、身体差で生活し集団をつくっていきます。それは子ども同士が相手を幅広く捉えて育つことへ繋がります。例えば運動会のかけっこである年長児が「負けるから走らない」と参加しません。その姿に子どもたちは「じゃあわかった。俺ら負けるからさ、一緒にしよ!」と誘い、わざとこけたり、後ろに走り、みんなで大笑いしながらかけっこを楽しんでいくのです。私はこの姿に今までなら「やってみなければわからないよ」「負けてもいい。挑戦することが大事」などとおとなが声をかけ、みんなとやれるような保育をしていました。しかし、「子ども主体の集団づくり」とはこの姿なのではと思ったのです。

この異年齢の姿を全国集会の集団づくり分科会に提案をしました。そのときは異年齢分散会で深められ、有意義に終わりました。しかし「それは異年齢保育だから年齢別と視点が違う」「異年齢は考えが緩いのでは」という声もあがり、私は集団づくりの観点を深めたかったのですが、異年齢保育だと伝わりにくいと感じ、年齢別保育でも実践してみようと同じ法人内のひよこ保育園に異動し、四歳児・五歳児の二年間を提案しました。

2　四歳児提案「運動会でのぼり棒をやらなかったOちゃんの笑顔」
五歳児提案「お当番をやらないUちゃん、でもみんなUが大好き」

私は異年齢で得た「ありのままの思いを大切に、どんな思いも否定しない」「おとなの思いや価値観を先行しない」「そこで繰り広げられる子どものやり取り、育ちあいを楽しむ」「あなたの思いはわかったよ。任せとき！」と言える保育者であるという点を大切に実践しました。そうすると子どもたちがとても優しく、日々その子のためにみんなのために自分のやれることを考えていく姿が増えるのです。

四歳児の提案では、運動会でのぼり棒をやらなかったOちゃんの姿が討論になりました。「Oちゃんがやれるようにも保育で話しあいなどを持つべきであったのでは」と意見がありました。でもOちゃんは「やらないと決めた思いをみんなが受け入れてくれた」ことを自信とし、その後自分で決めたことはやり遂げる子に育っていくのです。

また絵を描くのが好きなUちゃんは描くのがやめられず、ほとんどお当番をしません。でも子どもたちはそのUを責めることなくその分みんなで手伝いながら、受け入れます。Uは「ありがとう。みんな優しい」と大好きな絵を堂々と描いていきます。そしてお当番をする日がたまにはあると、みんなは喜び、Uは好かれていくのです。子どもたちはできない子をやらせようするのではなく、その子の「やらない」という気持ちも自己決定として受け入れ、すべてを大切にされあう心地よさのなかで自分も知り、育ちあっていきました。

社会福祉法人ひよこ会は、この六月、第三園としてことり保育園を開園しました。異年齢、年齢別の良さを大切に園全体で異年齢を実践しようとしています。〇歳児が園のどこにでもハイハイしている生活、大きい子が育てたトマトの実を一歳児がとる姿から奮闘する毎日等々、集団があれば年齢別も異年齢も大切にすべきことは何も変わらないと思います。

3　さいごに　指導とは……を考える

おとなが子どもに願う見通しや指導とは何でしょうか。私は、教えるものではなく、一人ひとりの思いを大事にして、子どもを信じることこそ指導ではないかと思います。それは、例え年長であっても、嫌なことは嫌と言える、それを受け入れるかどうかは子どもたちが決めていくことで、そこから集団づくりも始まるのです。それに子どもたちはおとなの言葉や感情をよく読み取り、子どもとおとなの思いが違ったとき、おとなはあまり声をかけるとそれが正しい評価と思い、子ども同士もきちんとしようと、関係がきつくなる姿があります。子どもたちは、どんな姿でも大事にされ、待ってくれるおとなや仲間がいれば、必ずかかわりを求め、解決していこうとします。自分の思いを出し相手の思いを知り、その経験をくぐることで、本当に何が大切かを子どもたち自身で学んでいきます。一見クラスがバラバラに見えたり、できる子もできない子もいて、おとなは不安を抱えてしまうこともあるかもしれません。でも子どもは、そこから育ちあっていくと思います。

私は異年齢・年齢別保育の壁を越え、もっと学びあいたいと思います。「こうなってほしい」というおとなの願いを横に置き、子どもの可能性を楽しんでいきたい、そうすると子どもが本来持つ人への優しさが集団にもっと見えてくるように感じるのです。

そして「子（個）」が大切にされると豊かな集団が生まれ、その集団が「子」をまた育てる」その相互関係から集団づくりは生まれていく……。今後も今迄の学びの上に立ち、集団づくりを皆で考えていければと思います。

（わたなべ・ともみ）

連載
私の旬感テーマ

もやい住宅奮闘記

古庄範子（熊本保問研公立保育園保育士）
Noriko Furusyou

保護者同士のつながり

わが園の保護者会活動は、運動会やもちつきの手伝い程度しか頼めない状況です。もう少し要求していいのかもしれませんが、難しい保護者の生活背景もあります。しかし、もう少し保護者同士が繋がって仲良くなれたら助かるだろうと思うこともしばしばです。

「今日は、残業になりそうだから、保育園終了時間に間に合いそうにない。同じ保育園の誰かに頼めないかなあ？」と思っている人も多いかと思います。

祖父母も近くにいなくて、子育てサポートを頼むのにもお金がかかるし、働かなくては食べていけない……そんな保護者もいると思います。

私の子育て時代のなかま

私には、子育て仲間がいました。というか私の家族が一番助けられたような気がしています。私たちの子どもたちは、認可外保育園で育ちました。保問研では有名なやまなみこども園です。認可外ですので保護者会の力は大きなものがありました。夏祭りやバザーは保育者の方々のささやかなボーナスのための資金づくりです。安い給料で日々頑張ってくれている方々への感謝の取り組みでした。

あの頃は遅くまで仕事をしている保護者ばかりでしたので、夜遅くに集まって、準備をすすめていました。できるだけ、材料を格安で提供している方に呼びかけたり、遊休品に値段をつけたり、子どものあそびコーナーの準備をしたりしていました。そうしたなかで子育て感や悩みを語り合って、仲良くなっていきました。

私の旬感テーマ

一緒に住みたい

仲良くなった家族同士が一緒に住みたいと共同住宅を考え始めました。六家族位だったでしょうか。バーベキューをしながら夢を語り合ったり、土地を見に行ったりもしました。祖父母のことや転勤などで、三家族になりました。しかし、すぐ近くに住んでいたり、毎年年末にする餅つきにはそのときのメンバーが集まったりしています。

三区画の土地を私が見つけ、フェンスを作らないで三軒が行き来できるような環境になりました。三軒の中央はいつでも集えるバーベキュースペースです。今村家は長男を幼い頃亡くしたので息子が一人。石川家は娘二人、わが家は息子が三人です。同級生は今村家の次男と石川家の長女だけです。わが家の三男が四歳のときに共同の子育てが始まったので、わが家が一番お世話になりました。小学生になっても児童育成クラブの保護者会の中心でした。

その頃、保問研の運営委員会をわが家でしていたので、普通に魚を調理しにベランダから上がってきた隣の旦那をわが家の旦那と間違えた保問研メンバーが報道機関に不思議さを発したことで、新聞やテレビに出演することになりました。そのときのタイトルが「もやい住宅奮闘記」です。

一緒に住めなくても

以前、私が勤める園で保護者懇談会のときに、そのビデオを見てもらったことがあります。お互いに行き来しながら助け合っている場面もありましたが、わが家の三兄弟の喧嘩を隣の旦那が怒るという場面が多い内容です。保護者の反応は、いいですね〜。でもなかなかできませんね〜。というものでしたが、それをきっかけに小学生になっても仲良く助け合っています。という話を聞いたことがあります。

子育ての仲間をつくろうと、クラス活動と称して、近くの湖のほとりに集合してザリガニ採りやスイカ割り大会をしたり、夕方集まって、団子を親子で作ってお月見会をしたり、午睡時間に集まってエアロやメイク教室をしたりしました。そのことをきっかけに仲良くなった家族もいました。

そんな保護者同士のつながりを大事にしたいと思っています。

わが家の三男が亡くなって

わが家の三男は、結婚して子どもが三ヵ月になろうかとする頃に亡くなりました。落ち込む私たちを支えてくれたのも隣の二家族とそれに加わるその頃の

私の旬感テーマ

仲間でした。言葉や行動で励ましてくれたわけでもありませんが、そっと見守っていてくれたことで、私たちはいつもの生活を取り戻すことができました。親戚には悪いですが、まさに親戚より近くの他人です。いつもわが家に人がたくさん集まっていました。その二家族はしょっちゅうですが、それに加わる仲間が来ると入り切れなくなるほどです。家のなか、ベランダ、外でバーベキューという状態がいつもでした。そんな会がしばらくは気分的にできませんでしたが、それをそっと待ってくれました。今ではそれも復活しましたが。

えっ？ 近くの他人が親戚に？

昨年、わが家の長男と石川家の次女が結婚しました。もうビックリです。もしかしたら、わが家の三男がキューピットなのかもしれません。おとな同士は、勝手に幼いころから、この子とこの子はいいかもね～と冗談で話していました。その話にも出ない組み合わせだったのです。でも、それを聞いたときの驚きと嬉しさは表現のしようもない位でした。息子と娘が結婚したような感じです。私たち仲間は互いに愛称で呼び合っていました。今さら、お母さんと言えないお嫁ちゃんは「のりしゃん（私）。保育園はどこがいいかなあ？ 純ちゃん（夫）キャンプ道具貸して！」という感じです。もちろん、私たちも呼び捨てで呼びます。娘のように。

孫の百日祝の日にたくさんの仲間が集まりました。子どもたちも皆おとなですから、入りきれません。今回はちょっと人数制限しなくてはいけない結果となりました。地震で傷んだわが家のリフォームをきっかけにリビングを広げて皆が入るようにしたいと夫と話しています。

保護者同士のつながり

その子育て仲間の子どもたちが言います。今、子育て真最中の子どもたちです。「のりしゃん、この関係性を友だちに話しても理解するのが難しいらしいよ。そんなに繋がっているのが不思議だって。」あとからこの仲間関係に加わった人もいます。それぞれのパートナーです。初めは、慣れない感じですが、いつのまにかわいわい騒ぐ仲間になっていきます。

高校生時代に父親のことが煙たくなる娘時代、今のお嫁ちゃんは、家に帰る前にわが家に寄って、愚痴をこぼしてすっきりした顔で帰っていきました。そんなななめの関係というか、親子でもなくきょうだいでもなく、隣のおばちゃんに相談、隣のおじちゃんのお説教がなぜか心に届くのです。おとなになってもそんな関係がなんとなく心地いいのです。

私の旬感テーマ

もやい……おもやい

私が幼かった頃、「おもやいしょう。」と言っていました。一緒に使おう……という意味になるのでしょうか？　実際にも気持ちの上でも壁を作らないで生活してきた私達。入ってはいけない部分や思いは守られてきました。旬感……私自身の子育ての話になってしまいましたが、一緒に語りながら悩みながら笑いながら……そんな感じで、まさに子育てを楽しく愉快に奮闘してほしいのです。

保育者がアドバイスするより、保護者同士で話すなかで、理解したり参考にしたりしながら、子育てを楽しめるようになることもあります。私の経験を活かしながら、楽しく子育てができるよう保護者同士が繋がれるような企画を共に考えたり、保育参観や懇談会の内容も繋がれるように考えたりしたいと思っています。また、楽しい共同の子育てができるように応援したり、相談相手になったりできればと感じています。

（ふるしょう・のりこ）

図書案内

保育と憲法
個人の尊厳ってこれだ!

平松知子・川口 創

大月書店（一、五〇〇円＋税）

評者 永谷孝代 *Takayo Nagatani*
（大阪保問研・大阪健康福祉短期大学）

二〇一八年四月から保育所保育指針が改定される。「保育所に国旗・国家?」「育ってほしい一〇の姿?」私達が望んでいる保育と少し違う方向に向っているのではと首をかしげた人も多いのではないだろうか。少子化なのに待機児童は一向に減らない。どんなに入所枠を増やしてもどんどん入所希望者は増える。その理由は雇用や生活の不安定さからくることをみんながきづいている。なのに、社会が変わらないのはなぜだろう。

国は待機児童解消が進まない理由が保育士不足であり、保育士不足の理由が保育士の賃金・処遇の劣悪さであることを認めた。賃金引上げとわずかばかりの賃金がアップされたが、保育士の生活実感としてしんどさは何ら変わらない。「一歳児六対一（配置基準）なんて、到底見られない」「子どものトラブルで保護者から苦情が来た」「先輩の保育士に叱られた」毎日くたくたに疲れて「もうこんな仕事辞めたい」と思っているあなたに……それでも保育の仕事を続けたいとがんばっているあなたに……長時間・過密労働のなかで一生懸命子育てしている保護者との出会いのなかで、「保育」の実践は「憲法実践」だ一冊である。是非読んでほしい

由がわかり、「しんどさの原因はあなたのせいではないよ」そう励ましてくれる。本書の「はじめに」のタイトルは「個人の尊厳ってこれだ」である。本書の著者で弁護士の川口氏は「憲法で一番大切なのは「一人一人をかけがえのない存在として大切にしていこう」という『個人の尊厳』の思想です」と始める。わが子の保育園の送迎や保護者会活動のなかで「保育」のすばらしさに気づく。そして、名古屋のけやきの木保育園の園長である平松知子先生のある保育であると警告を鳴らす。

第一章では憲法十三条の「個人の尊厳」について、実践を紹介しながら、掘り下げていく。そして、新保育指針は安倍政権の求める人間観が盛り込まれたものであり、子どもから出発する「個人の尊厳」の発想とは真逆のあらかじめ用意しておいた「枠」に子どもをはめていく保育であると警告を鳴らす。

確かに新指針の求める保育実践を保育者集団みんなで検討できる居心地のいい

先生の対談形式で進む本書は「そうそう」と子育てのこともや保育所での生活を思い浮かべながら、社会のおかしさにきづくことができる本である。

う仕事は子ども一人ひとりの気持ちを受け止め、その子の気持ちをさぐり、気持ちに寄り添いながら子どもの育ちを支えるきわめてプロフェッショナルな仕事である。「保育士が楽しいと思える保育こそ、子どもも保護者も楽しくなる。子ども「個人の尊厳」の発想とは真護者も楽しくなる。子ども尊重されることにつながり、保育士も楽しくなる」と平松先生は語る。そういう保育実践を保育者集団みんなで検討できる居心地のいい

が出る。「こんな完璧な子どもはいない。おとなだってできない人がいっぱいいるのに」と保育士をめざす学生がつぶやいた。保育といる本である。

一冊である。「しんどさ」の理と実感する。川口氏と平松「10の姿」を読むとため息

保育所にしていきたい。

第二章では、保育現場の実態について、第三章では保護者の働き方や貧困・虐待など社会のひずみのなかで保育所に求められることが書かれている。国の「配置基準」や規制緩和による待機児童解消など「安上がり保育」では本質的な解決に結びつかない。このまま規制緩和が進められると、子どもも保育士もますます疲弊していく。これは保育所虐待に直結する問題だと警鐘を鳴らす。でも、そういう保育所や保育室の保育士が、一生懸命がんばっていることも事実である。一生懸命がんばっているからこそ、つらい。つらくて離職してしまう。規制緩和では、子どもも保育士もどちらも育たない。

この章を読むとなぜか涙が流れる。疲れ果てて離職した保育士や精神的に追いつめられて病気になった仲間の顔が浮かぶ。「あなたががんばってきたことをわかってくれる人がいるよ」と。「保育士を続けられなかったのはあなたのせいじゃないよ」と。「評価制度で落第点をもらったのは、あなたができないからじゃないよ」と。あなたたちの思いを声にして、「権利」として主張しよう。一人ではできないことも仲間となら一緒に声を出せる。本書がそっと背中を押してくれる。

筆者は、今は保育士養成の短大で働いているが、それまでは三八年間、大阪市の公立保育所で勤務してきた。公立保育所の民営化の嵐のなかで、悩みながら保護者と一緒に運動をしてきた。そんなときに研修会で平松先生のお話を聞いた。平松先生の「元気」に励まされ、「言葉」を確信にした。「しんどい」ときに「しんどい」と言える関係を保護者や保育士仲間と一緒に築いていきたい。本書の最後にこんな言葉がある。「保育所に来る人々は、この国に生きる人々です。どんな子どもがいてもよいように、どんなおとなだって、その存在こそが尊いのです。……だれの手にも日本国憲法はあるのです。」と。

きっとこの本を読んだら、安心する。元気になれる。優しくなれる。そして、子ども達の人権や保護者や保育士等働く者の権利を守るためにみんなで声をあげよう。仲間の輪のなかでしっかり前を向いて胸を張ろう。そんな勇気のでる一冊である。

（ながたに・たかよ）

投稿論文

障害のある子どもの育ちと仲間関係
仙台保問研の実践記録の分析より

杉山弘子
Hiroko Sugiyama
（仙台保問研・尚絅学院大学）

Ⅰ　はじめに

全国保育問題研究協議会が年一回開催する全国保育問題研究集会に、障害児保育の分科会が常設されるようになったのは、一九七七年の第十六回集会からである。分科会で提案される実践等は、『季刊保育問題研究』の全国集会提案号に掲載される。それらを見ると、一九七七年以降、二〇一七年の第五六回集会までに、全国各地から二三一本の提案がなされている。その検討を通して障害児保育についての実践研究が積み上げられてきたと言える。

二〇一六年の全国集会の分科会案内で、田中（二〇一六）は、近年の障害児保育分科会の傾向として、「持ちよられる各実践報告のいずれもが、「共に育ちあう」をテーマとしていること」（四八頁）をあげている。また、三山（二〇一七）は、二〇一七年の分科会案内で、今年の分科会では「誰もが互いを認めあう保育の実現をめざすことの重要性を確認したい」（三三頁）と述べている。これらの記述は、障害のある子どもの育ちだけでなく、周りの子どもたちの育ちやその関係性を明らかにすること、さらには、障害のあるなしにかかわらず、互いを認めあう関係を築くことの意味を確かめることが、障害児保育の実践研究の課題の一つとなっていることを示していると考えられる。

そこで、本稿では、実践研究を振り返り、これまで障害のある子どもの育ちと仲間関係とのかかわりについてどのようなことが報告され、今日、互いを認めあう関係づくりの重要性が認識されるようになっているのかを検討することを目的とする。分析の対象とするのは、筆者が所属する仙台保育問題研究会から障害児保育分科会に提案された実践である。仙台保育問題研究会の実践記録を資料として選んだのは、実践報告を直接聞くことも多く、実践をイメージしやすいからである。

仙台保育問題研究会からは、一九八一年から二〇一六年までの間に、十九本の提案がなされている。内一本は親の立場から障害児保育を見たものであり、十八本は保育の実践記録である。そのなかには、無認可の障害児の保育施設での取り組みの報告、精神薄弱児通園施設（当時）と保育所の子どもたちの交流の報告、専門機関との連携の有効性について述べたものが、それぞれ一本ずつある。その他の十五本は、障害のある子どもが、保育者や周りの子どもたちとのかかわりでどう育っていったかと、そのための保育の取り組みを記録したものである。本稿では、この十五本の実践記録を、障害のある子どもの育ちと仲間関係という視点から検討していく。

Ⅱ　実践記録の分析

1　障害のある子どもの育ちと仲間の存在

大庭・庄司（一九八三）は、「集団のなかのはぐくみ」のテーマで、周りの子どもたちや保育者との相互交渉の機会を多くすることによって、知能障害（原文のまま）のある彰君の対人関係と言語の側面での発達を促そうとした実践を提案している。朝の集まりのときに呼びに行く、散歩のときには手をつなぐことなどを子どもたちに働きかけてやってもらうと、子どもたちから行うようになる。他の子どもが彰君にかかわる機会が多くなるにつれ、彰君も他の子どもに目を向けるようになっていったと言う。

次に、早坂・丹野・柴田（一九八五）は、「拓野君の成長をみつめて」のテーマで、ダウン症のある拓野君の二年目の〇歳児クラスでの姿を報告している。拓野君は一歳半になり、高バイを獲得したが膝の屈伸や足のつま先でける様子が見られないので、あそびのなかでこうした経験を大事にしていく。拓野君は、保育者が四つんばいになって「待て、待てー」と追いかけると友だちと顔を合わせて逃げるようになる。保育者が転がすボールを友だちが追いかける姿を見て、一緒に追いかけたりする。一人が立つと他の子も立ち、拓野君も立つ。拓野君の顔は誇らしげに競い合いながら立つことを獲得した満足そうな笑顔であったと言う。

これら二つの実践は、周りの子どもたちの存在が障害のある子どもの発達を促すことを示唆している。前者では、周りの子どもたちからのかかわりを保育者が意図的に引き出している。後者では、運動発達やあそびへの関心を同じくする子どもたちがいることで、保育者の働きかけが友だちとの楽しいあそびになったり、新しいことに挑戦する機会が生まれたりしている。かかわりのきっかけや中身は違っても、共に生活する仲間がいることで、障害のある子どもの発達が促される事実が確認され、報告されていると言える。

2 障害のある子どもについての周りの子どもたちの見方

佐藤・神木（一九九二）は、「A君の変化とまわりの子どもたちの変化」のテーマで、三歳児クラスのA君（自閉症周辺）の実践を提案している。保育者は、A君がクラスの子どもたちに興味を向けられるよう働きかけるとともに、A君の乱暴な姿を見て怖がる子どもには、A君の別な面を伝え、見方が変わるよう働きかける。A君が友だちを押すことは少しずつ減る。自分が乗って楽しんでいた自転車や汽車に、友だちや保育者に一緒に乗ってと意思表示するようになり、友だちのあそびに入っていくようになる。A君の変化にまわりの見方も変化し、A君とのかかわりが見られるようになったと言う。

次に、小田（一九九六）は、「とことん寄り添う」のテーマで、四歳児クラスのY君（自閉症周辺）の実践を報告している。保育者は、Y君の好きなあそびにとことんつき合い、一緒に楽しむなかで仲良くなろうと考える。また、高い所にのぼることが多いY君が友だちのなかでも安心してすごせるよう、クラスの友だちにY君の気持ちをその都度伝えていく。五月末頃から、子どもたちからY君の気持ちをわかろうとしていることばが聞かれるようになる。秋、Y君が友だちのことをよく見るようになる。子どもたちもY君とのかかわりがうまくなっていく。子どもたちも保育者も楽しく、Y君も無理なくつき合えるようになっていく。「担当保母との関係だけではなく、周りのみんながY君に寄りそい、Y君の事を考える事で、Y君のすごしやすい生活がつくられてきたように思う」（一五四頁）と言う。

これら二つの実践には、障害のある子どもへの周りの子どもたちの見方が変わるような働きかけをしている点で共通性が見られる。前者では、周りの子どもたちにA君への別な見方を提示している。そうしたなかで、子どもたちは、A君の変化を受けとめ、A君への見方を変えていく。後者でも、周りの子どもたちは、Y君を見て、怖いと感じているようだったと言う。Y君の気持ちを代弁することは、こうした見方を変えるとともに、Y君に寄り添って気持ちを理解しようとすることや、無理のないかかわりへとつながっている。二つの実践とも、保育者の働きかけとともに、障害のある子ども自身の変化もあって、周りの子どもたちとのかかわりが生まれるようになることを報告していると言える。

3 共に育ちあう仲間づくりをめざす

大久保・浅野（一九九八）は、「仲間として共に育ち合うことをめざして」のテーマで四歳児クラスの実践を提案している。四歳児クラスで入園した精神発達遅滞のあるのぶくんと周りの子どもたちの姿を報告したものである。まず、四歳児クラスでの集団づくりにあたっては、「相手に嫌な思いをさせたり、自分があきらめてしまったりしないで、みんなが楽しくなる「いい方法」を考え出し、力を合わせて生活を創り出す」（二六五頁）ことを大切にしたこと、それを「話し合い」という方法で進めたことが記される。のぶくんについては、はじめは、子どもたちからのかかわりであったのが、のぶくんからもかかわるようになり、友だちがしていることを自分もやりたいと要求してくるようになったことが記される。一方、周りの子どもたちは、劇あそびの取り組みで、言葉を話すことができないのぶくんが何の役であれば一緒にできるかを話しあっている。この話しあいでは、のぶくんは話せないという事実を受けとめながらも、のぶくんがクラスの仲間のひとりであるという思いが子どもたちにあることが感じられたと言う。

次に、春日（一九九九）は、「仲間として共に考え、認め合う集団をめざして〜みんなの手がかわりになれば〜」のテーマで、五歳児クラスの実践を提案している。クラスの集団づくりにあたっては、「お互いの気持ちや姿を認め合い、みんなで生活やあそびをつくっていく」ことをねらいに保育を進める。そのなかで、左手全指欠損の子どものあやとりがしたいという要求をどうかなえるかという問題を解決していく。その子にはできないと言った子どもも、保育者が仲間としてどうすればよいかをみんなのなかで考えられるような機会を作ると、みんなの手がかわりになればいいと考えることができた。三、四歳児クラスのときから障害のある・なしにかかわらず、自分や他児に問題が起きたいとき、どうしたらよいかを集団のなかで考え合ってきたからこそ、障害のある子どもも本当の気持ち（あやとりをしたい）をみんなの前で言えたのだと思うと言う。

さらに、渡辺（二〇〇〇）は、「共に育ち合う仲間をめざして」のテーマで、広汎性発達障害のあるKの四、五歳児クラスでの二年間の実践を報告している。一年目は「信頼関係を土台に」「好きな遊びを軸に」を柱にし、二年目はこれらに「安心してすごせる仲間関係を広げていく」を加え、共に育ち合う関係を育てていきたいと考える。Kの始めたあそびを他児が一緒に楽しむようになると、Kはクラス活動にコンスタントに参加するようになる。みんなのなかで保育者に絵を描いてもらうとさまざまなことがわかるKは、保育者に絵を描いてもらって友だちにも伝えようとする。Kが主導権を握ってサッカーあそびを楽しむエピソードも生まれる。一緒に楽しいことをする回数が増えるにしたがい、子どもたちのKへの理解と尊重、やさしさが広がる。

以上の三つの提案は、それぞれ、「仲間として共に育ち合うこと」、「仲間として共に考え、認め合う集団」、「共に育ち合う仲間」をめざした実践である。大久保・浅野（一九九八）は、仲間関係の発展のなかで障害のある子どもの要求が育つとともに、障害のある子どもも一緒に活動するにはどうしたらいいかを考えることのできる集団になっていくことを示している。春日（一九九九）の実践は、一人の問題をみんなで解決する経験の積み重ねにより、障害のあるなしにかかわらず、仲間を信頼して自分の気持ちを表したり、仲間のことを思って考えたりすることができるようになることを示している。これら二つの実践は、どの子も仲間として受けとめられ、共に生活やあそびをつくっていけるクラスづくりを進めることで、障害のある子どもも周りの子どもたちも育っていくことを示している。一方、渡辺（二〇〇〇）の実践では、①障害のある子どもがあそびを通して仲間とつながり育っていくこと、②周りの子どもたちも、あそびを通して障害のある子どもへの理解を深めていくこと、すなわち、あそびの楽しさを共有するなかで共に育ち合っていくことが示されている。大久保・浅野（一九九八）では劇あそびを、春日（一九九九）ではあやとりを共にするための話しあいが取り上げられており、三つの実践は、いずれも、あそびを共に楽しむことを大切にしながら、共に育ちあう仲間づくりをめざしていると言えよう。

4　集団保育の意味を問い直す

鈴木（二〇〇一）は、「今、子どもが求めていることに寄り添い、向き合って」のテーマで、自閉症のあるA君の保育を報告している。四歳児クラスで入園したA君は危険の認識が弱く、一対一での保育となる。五歳児クラスに進級して担当者が変わる。七月、止める間もなくしてしまった散歩先での水浴びを「いっぱい遊んだね。楽しかったね。」と受けとめたところから、担当者との信頼関係が築かれ、言語面での変化も見られるようになる。しかし、鈴木は、担当者との関係だけでなく、母集団の存在も忘れてはならないと言う。合宿のとき、側に行ったA君に自分の布団を掛けて一緒に寝る仲間、場所を取り合って対等にぶつかる仲間、散歩で立ち止まったときに大声で呼ぶ仲間がおり、一人ひとりのなかにA君の居場所があることに気づかされ、改めて集団のなかで保育していく意味について考えさせられたと言う。

大門（二〇〇二）は、「人と触れ合ってあそぶって楽しいね！〜Yくんもみんなも〜」のテーマで、精神発達遅滞・対人相互困難のあるY君の実践を報告している。大門は三歳から三年間、障害のある子ども三名（Y君を含む）を担当する。感覚あそびが中心のY君が、保育者とかかわることでも楽しさを感じてほしいと、Y君の好きな動きに合わせて働きかけてみる。Y君の好きな身体を使ってのあそびを三年間繰り返し楽しんだと言う。一方、四歳児クラスから小人数での活動を保障すると、年長になる頃には仲間に関心を示すようになる。一月になると、クラスの活動に目を向けるようになり、クラスの子どもの誘いかけをきっかけに、何度もマテマテごっこを楽しんだ。クラスの子ども達とあそび合えるY君とY君をあそび仲間に加えた子ども達の成長が嬉しかったと言う。また、班の仲間関係では、Y君を班の一員として、食事を一緒に楽しもうとする子ども達の温かな眼差しを感じることができたと言う。

これら二つの実践は、クラス集団のなかですごすことが常でない子どもにとっての集団保育の意味を問い直している。鈴木（二〇〇一）の五歳児クラスでのA君は、朝の集まりなどは嫌がり、誘うと部屋を出てしまう。保育者と一対一ですごす場面も多かったのではないかと推測されるが、クラスの子ども達のなかに居場所があることが、A君の生活や育ちを支えていたと考えられる。ただし、どのようにして居場所が築かれていったかについては、言及されていない。

四歳児クラスになったY君は、部屋を出て一人で感覚あそびをしている時間が長くなったことから大門は少人数での活動を保障する。また、五歳児クラスでは、全体への集まりには入りたがらなくなった（障害のある他の二名も）ことから、三人での小集団活動を行う。一〇ヵ月ほどすると、小集団の活動時には、かなりおとなや友だちの様子を気にかけ、自ら行動を起こしたくなる場面が増えてきたと言う。このように、小集団活動のなかで育ってきた力がクラスの子ども達とのかかわりにつながったことが考えられる。給食については、保育者の働きかけがあって、班で一緒に食べ始めることになる。こうしたきっかけがあったからか、子ども達はY君を班の仲間としてみて生活を共にしようとしている。

以上、二つの実践から言えることは、子ども達は、ときとして自分たちとは異なる時間をすごす友だちについても、クラスや班の仲間とみているということである。そうしたなかで障害のある子どもも仲間への関心やかかわりを広げることができると考えられる。

5　仲良し関係、あそびを楽しめる仲間関係を築く

杉井（二〇〇五）は、「T君の思いに寄りそって〜「保育園って楽しい」と思えるように〜」のテーマで、広汎性発達障害のあるT君の三歳児クラスでの実践を報告している。杉井は障害のある子ども四名（T君を含む）の担当である。T君は担当者との信頼関係を土台に仲間関係を広げていく。大好きな絵本をもってきてくれたH君と一緒にその絵本を見るようになり、二人は仲良しになる。H君と一緒なら苦手なこともそれまでしなかったあそびもするようになる。運動会の前にグループを作る。H君と一緒だが、他の友だちとも互いを知り合えるようにと、T君にグループの友だち一人ひとりの名前を知らせていくなかでPちゃんとのかかわりが生まれ、Pちゃんが大好きになる。T君の隣りが嫌だと泣いたG君も洋服が同じだと気づいたことをきっかけに仲良しになる。

藤井（二〇〇七）は、「〝遊べる〟ことってすばらしい」のテーマで、四歳児クラスと五歳児クラスの二年間の実践を報告している。「一緒に遊べる友だちが大好きだけど、うまくやりとりができない……遊びたいけどうまく遊びを展開できない……そんな悩みを抱えた怒りっぽくて乱暴なKくん」が、仲間とあそびを存分に楽しめるようになる過程が記されている。担当となった藤井が一対一でかかわり、安定してすごせるように

なってきた頃から、仲間を求めていると思われるKくんの姿が見られるようになる。そこで、Kくんの好きなごっこあそびを保育者も面白がってあそんでみると、子どもたちが自然と集まってくるようになる。子ども達が役や状況をイメージしながらやりとりをすることを面白がっているのに対し、Kくんはそれが苦手であることを意識した手立てをとることで一緒に楽しめる日が徐々に増えていく。一番盛り上がった魔女ごっこは、〝なんとなくのルールで楽しめる〟〝いろいろな楽しみ方がある〟あそびで、五歳児の一年を通して楽しまれる。あそびを通して広がった仲間関係のなかで、Kくんは友だちに教えてもらってこまを回せるようになる。毎日あそびの予約がいっぱいで、保育園と仲間が大好きだと言ってすごすようになる。

これら二つの実践は、あそびや生活を共にする仲良しの関係やあそびを楽しむ仲間関係が築かれることで、園生活が楽しく充実していくことを示している。杉井（二〇〇五）の仲良しの関係は、活動を共有することから生まれ、保育者の働きかけもあって広がっていく。仲良しができると活動も広がり、園生活が楽しくなる様子がうかがわれる。藤井（二〇〇七）では、友だちとあそびたいというKくんの願いがかなうよう保育を展開すると、あそびを通して仲間関係が築かれ、友だちとのあそびで園生活が充実していったようである。

6　障害のある子どもへの理解を深め、広げる

及川（二〇一〇）は、「かかわりを広げていったR君とやま組みの子どもたち」のテーマで、広汎性発達障害のあるR君を含む五歳児クラスの実践を報告している。R君と周りの子どもたちは、イメージの違いでトラブルになる。保育者は、仙台保育問題研究会障害児部会でのアドバイスを受けて、R君の思いに寄り添うとともに、R君の素敵だった姿をクラスのなかで伝えていくことにする。九月、相手の意見にも耳を傾け、共感してくれるK君をR君と同じグループにする。K君は、給食当番の順番は〇番がいいというR君の発言

を受け止めて順番を調整する。また、遅れて手洗いに来ていたR君をグループのみんなが呼びに来たとき、「急がなくてもいいから来てね」と声をかける。こうした出来事を保育者はクラス全体に伝える。R君が嫌なことや楽しいことへの理解を小集団で深め、それをクラスに投げかけていくことで、R君への理解がクラス全体のものになっていく。〝自分のことをわかってくれる〟おとなの存在を土台に、クラスの仲間の理解にも支えられながら、少し苦手だったり嫌なことにもちょっとがまんしたり、挑戦しようとする姿がR君に見られるようになっていく。

桑島(二〇一六)は、「自分らしく生きる嬉しさを感じはじめたH君」のテーマで、四歳児クラスのH君の実践を報告している。四歳児クラスで入園したH君(自閉症がある)は、発語がなく人とのかかわりに困難をかかえている。桑島はH君を含む障害児二人を担当し、あそびを通して関係を築いていく。クラスの子どもたちにH君への理解を広げていきたいと考え、まずはグループでのかかわりを意識していく。十一月頃からH君は担任よりもグループの友だちに声をかけてもらうと嬉しそうに部屋に入ってくることが増える。H君は偏食が強いが、パーテーションを使ったら食べられるかもしれないとお母さんが言ってきたので使用してみる。しかし、H君はみんなのことが気になるようすでパーテーションの脇や上からみんなを覗く。グループの子たちが「みんなのこと見えた方がいいんじゃない?」「みんなのこと見たいんだよ」「俺たちも邪魔だし」と言うので、使うのを止める。グループのみんながH君を同じグループの仲間だと感じていることを実感したと言う。後期、桑島との関係が確かなものになり、朝の集まりも桑島が隣に座るとみんなと一緒に座って挨拶することができるようになり、クラスの活動にも嬉しそうに参加するようになる。友だちを求め、みんなのなかにいたいという思いがH君のなかで膨らんできたと言う。

以上、二つの実践では、グループでのかかわりのな青木（二〇一二）は、「人とつながる喜びを」のテーマで、広汎性発達障害のあるAくんが四歳児クラス、五歳児クラスのなかで、仲間とつながる喜びを感じることができるようになる過程を報告している。クラスには援助が必要な子どもが多く、追いかけっこからAくんを捕まえるあそびになることもあり、クラスの子どもたちのAくんとのかかわりも大きな課題だった。四歳児クラス前半、Aくんの思いやイメージをクラスで伝えると子どもたちの見方やかかわり方も少しずつ変わっていく。四歳児後半、Aくんの思いを他の子もわかり、Aくんもわかってもらえたと感じられるよう、Aくんのやりたいことをみんなになげかけて実現していくようにする。そうしたなかで保育者や友だちとあそぶことが楽しくなっていく。五歳児クラス前半、Aくんは、Bくんと一緒がいいという思いが強くなるが、思い通りにいかずB君に手を出すことが増えていく。五歳児クラス後半、保育者は、Aくんも人とのかかわりに広がりをもてるといいと思う。クラス集団がまとかで障害のある子どもへの理解を深め、それをクラスにも広げていこうとしている。後者では、どのようにクラスに広げていったかは書かれていないが、グループの仲間関係を支えに、クラスがHくんの居場所になっていったことが窺われる。このことから、障害のある子どもにとってもグループの仲間は見えやすく、関係を築きやすいことが考えられる。また、及川（二〇一〇）では、周りの子ども達がかかわりに戸惑いを感じてしまうトラブル場面でのR君の姿だけでなく、素敵な姿を伝えていくことにしている。及川の実践には、Aくんを怖いという子どもに、Aくんの別の面を伝えていた。佐藤・神木（一九九二）では、Aくんを怖いという子どもに、Aくんの別の面を伝えていた。仙台保育問題研究会で蓄積されてきた実践研究の成果が生かされていると考えられる。

7 援助が必要な子どもが多いクラスでの仲間づくりと子どもの育ち

まりを見せてきたこともありAくんを含めた集団づくりが課題となっていく。十二月、Aくんは、あわぶくたったをしたがったが、Bくんや他児に鬼ごっこがいいと断られる。Bくんを突き飛ばしたので青木が止めに入ると、Aくんは悲しそうに泣いて「ダッテ、ボクヒトリニナッテシマッタ」と言う。次の日、そのことをみんなに伝えると、同じような思いになったことがあるという話がでる。そして、今からやろうということになる。Aくんと青木、AくんとBくんのなかだけではなく、集団のなかで解決していくことで、本人だけでなく周りも人とのかかわりが広がり、つながり、心を豊かにしていけることがわかったと言う。また、認め合える集団がいかに大切かを学んだと言う。

青木（二〇一五）は、「子どもが楽しいと感じることに目を向けて　困難さを抱えた子が多いクラスでの子どもの育ち」のテーマで、四、五歳児クラスでの二年間を、R男（広汎性発達障害の可能性が高いと診断されている）の育ちと困難さを抱えた子どもが多いなかでの取り組みから振り返っている。四歳児クラスでは、保育者がR男との信頼間関係を深めていく。また、R男と保育者のあそびにK男が興味を示したことから、二人のあそびをつなげていく。R男はK男と仲良しになると、K男と一緒にやりたい思いからクラスの活動に参加することも増え、日中の活動が充実したものになっていく。その流れで生活にも向かえるようになる。十二月、『どろぼうがっこう』（加古里子　偕成社）のごっこあそびをクラスで楽しむ。R男は警察役だが、どろぼうがっこうとは別の設定で参加する。

五歳児クラスでのR男は、夏祭りでおみこしを先頭でかつぐことでやる気を見せた。縦割りグループでは、四歳児クラスの子に慕われ、縦割りの活動にも積極的に参加するようになる。十二月の劇づくりでは、自分の役だけでなく、劇全体を楽しんでいて、発表会当日に休んだ子の代役をやるまでに成長する。卒園の取り組みで踊った荒馬では、どの子も自信をつけ、卒園式に向かっていく。子どもたちが楽しんでいること、楽しいと思えるものを子どもと一緒に見つけていくことで、どの子もいきいきとすごし、そのなかで必ず成長していくことを学んだと言う。

これら二つの実践では、困難を抱えた子どもが多いクラスでの仲間づくりと障害のある子どもの育ちが報告されている。青木（二〇一二）のクラスの実践は、青木（二〇一三）と桑島（二〇一三）により詳しく報告されている。青木（二〇一三）は、保育者やクラスの友だちとのかかわりを通して成長していったA君について、桑島（二〇一三）は、五歳児クラスの後半でA君にも思いを寄せられるようになっていった子どもたちの育ちとクラス作りについてまとめている。それらを見ると、認め合える関係を築いていくなかで、今のみんなならばA君のことを考えてくれるのではないかということで、「ダッテ、ボクヒトリニナッテシマッタ」とA君が言った出来事をクラス集団に伝えている。一方、青木（二〇一五）には、子ども達にとって楽しい活動を展開していくなかで、障害のある子どもも周りの子どもたちも育っていくことが記されている。二つの実践は、援助が必要な子どもが多いクラスにあっても、クラスのなかに認めあう関係を築いていくことや楽しい活動を作り出していくことで、障害のある子ども周りの子どもたちも育っていくことを示している。

Ⅲ　障害のある子どもの育ちと仲間関係

本稿の目的は、これまで障害のある子どもの育ちと仲間関係とのかかわりについてどのようなことが報告され、今日、互いを認めあう関係づくりの重要性が認識されるようになっているのかを検討することである。仙台保育問題研究会から全国保育問題研究集会障害児保育分科会に提案された実践をたどってみると、障害のある子どもの育ちと仲間関係について、以下のような点が報告されてきたことがわかった。

一つめは、共に生活する仲間がいることの重要性である。仲間の姿を見たり仲間からの働きかけを受けたりすることが障害のある子どもの活動へとつながり、発達が促されるということである。

二つめは、障害のある子ども自身の成長もあるが、障害のある子どもへの周りの子どもたちの見方が変わっていくことで、かかわりが生まれるということである。そのためには、保育者が、周りの子どもがとらえている姿とは別の面を知らせたり、障害のある子どもの気持ちに気づけるように代弁したりすることが大事なことを示している。

三つめは、共に育ちあう仲間づくりをめざす保育のなかで、障害のある子どもが周りの子どもたちと共に育っていくということである。障害のあるなしにかかわらず、どの子も仲間として受けとめられ、共に生活やあそびをつくっていけるクラスづくりを進めることの重要性が示されている。また、こうした仲間づくりにおいては、あそびの楽しさを共有することが大切なことを示している。

四つめは、クラス集団から離れて、保育者との一対一や小集団ですごすことのある子どもにとっても、クラスの子どもたちのなかに居場所があることが、その子の生活や育ちを支えるということである。こうした居場所をつくること、すなわち、周りの子どもたちが、障害のある子どもをグループの仲間、クラスの仲間として受け入れる関係を築くことが重要なことが示されている。小集団活動での経験が、クラスの子どもたちとのかかわりにつながることもあるが、クラスの子どもたちに仲間として受け入れられるなかでかかわりを広げていけるのである。また、子どもたちは、ときとしてクラスを離れる子どもたちを仲間として受け入れるやわらかさをもっていることも注目される。

五つめは、仲良しの友だちやあそびを楽しむ仲間関係ができることで、活動が広がり、園生活が楽しく充実していくということである。こうした仲間関係を築くには、保育者が、障害のある子どもの仲間とつながりたいという願いをくんで、お互いが知り合えるようにしたり、あそびを工夫したりすることが大切であることが示されている。

六つめは、障害のある子どもへの理解をグループで深め、クラスに広げる取り組みのなかで、障害のある子どもが育っていくということである。周りの子どもたちもまた、障害のある子どもの気持ちを思いやるようになっている。

七つ目は、援助が必要な子どもが多いクラスにあっても、クラスのなかに認めあう関係を築いていくことや楽しい活動を作り出していくことで、障害のある子ども周りの子どもたちも育っていくということである。

以上が、十五本の実践記録の分析からわかったことである。

障害のある子どもが集団のなかで育っていく事実の提示に始まり、障害のある子どもと周りの子どもたちの変化とかかわりが報告される。クラス集団から離れてすごすこともある子どもたちにとっての集団保育の意味を問い直す提案もあった。

田中（二〇一六）が、近年の傾向として指摘する「共に育ちあう」をテーマとした実践は、一九九八年から三年連続して報告されている。仙台保育問題研究会の実践研究では、二〇年近く前から、共に育ちあう仲間づくりの重要性が認識されていたと言える。それは、障害のある子どもと周りの子どもたちの関係づくりに限ったことではない。クラスづくりの方針であり、それを実現するために、あそびや話しあい活動が大事にされている。

しかし、それから一〇年以上が経ち、援助が必要な子どもが多くいるクラスでの仲間づくりが課題となる。青木（二〇一二）の実践をクラスづくりの側面からまとめた桑島（二〇一三）は、「このクラスの子どもたちがA君だけではなく、友だちにも目を向け、友だちの気持ちを考えられるようになるためには、まずは一人ひとりが仲間に認められて自信をつけていく必要があったのだと思う。子どもたちは様々な取り組みを通し変わっていき、そういった中でA君の思いにも寄り添う姿が出てきた。」（六〇頁）と述べている。ここにおいて、三山（二〇一七）のいう、「誰もが互いを認めあう保育の実現をめざすことの重要性」が確認できる。子どもたち一人ひとりが保育者によっても仲間によっても認められるなかで、障害のある子どもを含む友だちにも心を寄せ、かかわり合い、育ちあっていけるものと考えられる。

この一〇年ほどの間に、仲良しの友だちができることの意味、友だちとあそびを楽しむことができることとの意味、グループのなかで友だちへの理解を深めていくことの意味を問いかける実践が報告されている。こうした問いは、共に育ちあう仲間関係や誰もが互いを認めあう仲間関係についての議論をさらに厚みのあるものにしていくと考える。

（すぎやま・ひろこ）

分析の対象とした実践記録（発表順）

（1）大庭重治・庄司孝子（一九八三）「集団のなかのはぐくみ」『季刊保育問題研究　八二号』新読書社　二二三―二二八頁
（2）早坂友枝・丹野由美子・柴田牧子（一九八五）「拓野君の成長をみつめて」『季刊保育問題研究　九一号』新読書社　二二三―二二六頁
（3）佐藤珠美・神木径枝（一九九二）「A君の変化とまわりの子どもたちの変化」『季刊保育問題研究　一三三号』新読書社　二二六―二二九頁
（4）小田靖子（一九九六）「とことん寄り添う」『季刊保育問題研究　一五八号』新読書社　二五一―二五四頁
（5）大久保静・浅野三奈子（一九九八）「仲間として共に育ち合うことをめざして」『季刊保育問題研究　一七〇号』新読書社　二六四―二六七頁
（6）春日治子（一九九九）「仲間として共に考え、認め合う集団をめざして～みんなの手がかわりになれば～」『季刊保育問題研究　一七六号』新読書社　二六七―二七〇頁
（7）渡辺玲子（二〇〇〇）「共に育ち合う仲間をめざして」『季刊保育問題研究　一八二号』新読書社　二五八―二六二頁
（8）鈴木輝美（二〇〇一）「今、子どもが求めている事に寄り

添い、向き合って」『季刊保育問題研究　一八八号』新読書社　二九五―二九八頁

(9) 大門祐子（二〇〇二）「人と触れ合って遊ぶって楽しいね！～Yくんもみんなも～」『季刊保育問題研究　一九四号』新読書社　二六六―二七〇頁

(10) 杉井知子（二〇〇五）「T君の思いに寄りそって～『保育園って楽しい』と思えるように～」『季刊保育問題研究　二一二号』新読書社　二七三―二七七頁

(11) 藤井侑子（二〇〇七）「〝遊べる〟ことってすばらしい」『季刊保育問題研究　二二四号』新読書社　二七六―二七九頁

(12) 及川千穂（二〇一〇）「かかわりを広げていったR君とやま組みの子どもたち」『季刊保育問題研究　二四二号』新読書社　三〇五―三〇八頁

(13) 青木浩子（二〇一二）「人とつながる喜びを」『季刊保育問題研究　二五四号』新読書社　三三二―三三五頁

(14) 青木浩子（二〇一五）「子どもが楽しいと感じることに目を向けて　困難さを抱えた子が多いクラスでの子どもの育ち」『季刊保育問題研究　二七二号』新読書社 二八五―二八八頁

(15) 桑島千穂（二〇一六）「自分らしく生きる嬉しさを感じはじめたH君」『季刊保育問題研究　二七八号』新読書社　三二八―三三二頁

引用文献

青木浩子（二〇一三）「人との関わりで成長したAくんとクラスの仲間たち　その二」『みやぎの保育　十一号』仙台保育問題研究会（編）　五一―五五頁

桑島千穂（二〇一三）「人との関わりで成長したAくんとクラスの仲間たち　その二」『みやぎの保育　十一号』仙台保育問題研究会（編）　五六―六〇頁

田中良三（二〇一六）「分科会案内　障害児保育」『季刊保育問題研究　二七八号』新読書社　四七―四九頁

三山岳（二〇一七）「分科会案内　障害児保育」『季刊保育問題研究　二八四号』新読書社　三八―三九頁

乳幼児期の平和教育を考える

中島常安（北海道保問研・名寄市立大学短期大学部）
Tsuneyasu Nakashima

集団主義保育と平和教育

私はこれまで全国集会での「乳幼児期の平和教育」分科会に参加したことはありません。しかし、以前運営委員を務めていた「文学」分科会で平和教育をテーマにした保育実践に触れる機会があったことと、『子どもの心に平和の種子を～乳幼児期の平和教育～』が保問研の保育シリーズとして出版されたことから、平和教育の対象と方法を巡って、この分科会に対して抱いた疑問点を、本誌に投稿したことがありました（二〇〇一年八月、第一九〇号）。今年八月に開催された全国夏季セミナーのテーマが乳幼児期の平和教育であったことから、興味を抱き参加をし、そこで討論する場が設けられなかったこともあり、あらめて感想と私見を述べたいと思い、投稿致しました。

平和学とそれに立脚している平和心理学の立場からすれば、戦前の東京において保問研が発足した当初から現在に至るまで、保問研は一貫して平和な社会を未来に実現するための保育を追求してきたと言えます。つまり平和教育分科会が発足する前から、保問研では、それとは知らずに平和教育を追求してきたのです。なぜ保問研が平和教育を実践しているにもかかわらずそれを自覚できなかったと言えば、集団主義保育と称することができる保問研の保育理論は、それ自体が平和教育になっているとは言えるものの、直接平和教育を目的にした保育を行ってきたとは言えないからです。そしてそのもう一つの理由は、政治学のなかから分かれて成立した平和学が出現する以前から保問研は存在していて、平和学からの影響を受けて集団主義保育の理論が成立したわけではないからです。

戦争と積極的平和

「戦争がなくなりさえすれば平和な社会になるとは言えない」とする、平和の概念の拡大が行われたのは、平和学が成立した第二次世界大戦後のことです。日本が体験した、多くの一般市民を巻き込んだ悲惨な戦争を二度と繰り返してはならないとする反戦教育が、平和教育として定着したという日本の特殊性も、新しい平和概念に伴う学校教育現場における平和教育の拡大を妨げたと言えます。

このことにかかわる私自身の個人的体験がありま す。かなり前の話になりますが、北海道の地元新聞の記者から、平和教育について取材を受けたことがありました。私が共同で執筆し、構造的暴力とはどのようなものであり、積極的平和を実現するためにはどのような手立てが必要かということについて書いた『平和を創る心理学』（心理科学研究会編、ナカニシヤ出版）を紹介したところ、ぜひ記事にしたいと言ってくれましたが、けっきょく学校の現場で行われている平和教育の内容からかけ離れているために理解がえられなかったとの理由で、記事にはなりませんでした。「反戦教育」でなければ「平和教育」ではないとの考えが、いまだに学校教育のなかで通用しているのだということを、あらためて実感した次第です。

学校でのいじめや不登校が深刻化して久しいのですが、もしその解決が積極的平和の実現になるとの認識が学校教育のなかにしっかり位置づいていれば、これを当事者である生徒個人の問題に帰するのではなく、学校という文化のなかに構造的暴力が根付いているところに問題があるととらえ、クラス集団づくりの観点から生活指導に取り組むことが解決のための有効な手立てになるはずなのです。

「平和の心」と包括的平和教育をめぐって

今回の夏季セミナー「基調提案」（二〇一七年十二月発刊 本誌二八八号 九二頁掲載）のなかで、今後の分科会の課題が挙げられている。その一つに、平和学のなかでは定着している積極的平和のための教育を含めた「包括的平和教育」の概念について、これを取り入れることで、日本で行われてきた戦争体験を伝える平和教育実践の位置づけが弱くなりはしないかとの懸念を述べている、平和教育研究者の村上登司文氏による問題提起があります。

村上氏のこの懸念は、果たして妥当なものでしょうか。私自身は、海外からの理解を得難い、歴史教育のなかで日本の加害責任を明確にしない、あるいはそこへ目を向ける視点が弱い反戦教育こそ問題なのであって、包括的平和教育が問題なのではないと考えます。

そもそも包括的平和教育が意味するものとは何でしょうか。平和教育分科会は「平和の心」を育てることを柱に据えていますが、いったい平和の心とは何なのでしょうか。もし相手を思いやる優しい気持ちを育て、命の大切さを教えることが包括的平和教育になると考えるのだとしたら、それは非科学的で効果の期待できない方法だと言えます。というのは、たとえどんなに心優しく平和的な人間であっても、状況次第では、正義のための戦争という正当化を排除できる保証がないからです。

発達心理学の研究が進展した成果の一つは、人間はほかならぬ人間として発達するための土台を備えて生まれてくるとする、生物学の研究成果を取り入れたことです。より正確には、人間も含めて、すべての動物はその種に固有の発達をするように遺伝的に制約されているのであって、かつて心理学のなかで信じられていたような、オオカミに育てられればオオカミのようになってしまうなどということは、生物学的にありえないということです。さらに生物学のなかの霊長類学における新しい学説として、人間の知能が他の動物に比べて並外れて優れていることが人間発達における最も重要な特殊性なのではなく、きわめて複雑な社会を形成し、そのなかで互いに協力し合う関係を築くための、言語を含めた社会的能力、コミュニケーション能力のために、高い知能を必要としたという社会的知能説があります。

人間の行動には、愛他行動と呼ばれるものがあります。これは自分自身の利益よりも他者の利益を優先させるものです。同情やこれに伴う、困っている相手を助けようとする行動、ときには自分の命をも顧みない自己犠牲的行動などです。他者の利益になる行動であることから利他行動とも呼ばれるこうした行動は、その心情については、多かれ少なかれ誰にでも備わっていますが、こうした感情や行動は、他の動物にはほとんど見られない、きわめて特殊なものです。利他行動が人間にしか見られないわけではありませんが、一般的に人間以外の、人間もその仲間に入っている哺乳動物では、血がつながっている子どもに対する母親の行動といった、きわめて限られたものでしかありません。これを平和の心と呼ぶなら、人間は本来的にきわめて平和的な動物なのです。つまり人間には生まれながらに「平和の心」が備わっているのです。ただし遺伝的に備わっているからと言って、それが発達の過程でどのように発現するかは、育つ環境にも左右されるので、あくまで可能性としての話です。

それでは戦争はこうした平和の心をもたない、残忍で非人間的な者によって行われるのでしょうか。そうではありません。戦争行為は、反社会的な犯罪行為とはまったく違います。戦争には国際法による定めがあり、戦闘中の戦闘員に対する殺傷行為は正当化され、犯罪とはみなされません。東京裁判において、戦犯容疑者の弁護人の一人は、広島、長崎への原爆の投下は、一般市民に対する無差別爆撃であり、アメリカの行ったこの行為は戦争犯罪に当たると主張しました。最近の研究によって、トルーマン大統領は当初反対であったが、軍部の暴走を止められず、押し切られたということも明らかにされています。また多くのアメリカ国民がいまだに信じているようですが、戦争を早く終わらせるためではなく、旧ソ連への対抗上、原爆を開発したことを見せつける必要があったとも言われます。戦後になって、原爆投下がもたらした悲惨さをアメリカ政府は国民に対してひた隠しに隠して、原発のような平和利用を推進したと言われています。事実はどうであれ、平和を実現するために原爆の投下が必要であったという、国民を納得させるための論理が、ここに働いています。ただ救いなのは、アメリカで原爆展を開催するなどの、被爆者を中心とする運動によって、若い世代ほど、原爆は投下すべきではなかったという意見が増えている点です。

近代以前においても同様に、戦争はならず者どうしの暴力沙汰ではなく、領主あるいは政治集団どうしの武力衝突であり、戦いは身分の高いプロの戦闘集団

（ヨーロッパでは騎士、日本では武士）どうしで、スポーツにも似たルールに沿って行われ、卑怯な手を使わず、品格と名誉が重んじられました。国民国家が成立した近代になって、戦争は国家間の外交手段であるとして国際法が定められました。どちらにしても、戦闘は限られた戦場においてのみ行われ、民間人、一般市民が巻き込まれることはありませんでした。その様相が一変したのが第一次・第二次世界大戦であり、とりわけ第二次世界大戦においては、初めて戦争犯罪という概念が作られ、ナチスや日本の軍人の行為が裁かれたのです。また核兵器そのものを廃絶しようとする機運も、核保有国とそれ以外の国々との間に溝が生まれているとは言え、近年高まっています。

近代国家は戦争を正当化してきましたが、すべての戦争に反対する平和学においては、戦争を究極の暴力として位置づけます。つまり広い意味での「平和」の反対は「戦争」ではなく、戦争を含めた、より広い意味でのさまざまな暴力です。したがってこの疑問は、なぜ人類は暴力を繰り返してきたのかと言い換えることができます。

戦争に関して言えば、戦争は決して野蛮な行為ではありませんでした。つまり戦争は反社会的な逸脱行動である犯罪とは一線を画しているのであって、戦争は残忍で凶暴な個人の間で行われるものではないということです。その論理が転換したのが、二つの世界大戦、とりわけ第二次世界大戦でした。近代兵器の飛躍的な発達が人類は滅亡に導く可能性が生まれたのであり、その究極の兵器が核兵器です。

日常的な平和教育としての保育

平和学では、集団間の対立を個人間の対立と同質のものとして扱います。戦争を引き起こす国家は、きわめて大きな単位の組織集団ということになります。いくら仲の良いものどうしであっても、一緒にいればぶつかり合いが生じるのが普通です。幼児にあっては、このぶつかり合いは、要求の衝突である場合がほとんどでしょう。戦争を含めた国家間の紛争も、利害の対立によって生じます。個人間にあっては、相手を思いやる気持ちがあったとしても、自分の欲求と相手の欲求がぶつかり、譲ろうとする気にならなければ、けんかになります。

ここで平和学なら、争い事はとにかく止めるべきであると考えるでしょうか。平和学に対する一般的な誤解として、平和学は一切の争い事がなくなる平和な社会の実現をめざしていると取られることがあります。平和学は一切の暴力がなくなる社会の実現をめざしてはいますが、それは対立や衝突がなくなるという意味ではありません。重要なのは、対立や衝突が起こらないようにすることではなく、その原因となっている問題を、両者が満足できるやり方で解決することであり、平和教育の目的は、その解決を当事者どうしで行えるようにすることです。その原因となるものは、欲求であり要求であって、生きている限りなくなるものではないので、それ自体をなくすことはできないし、なくすべきでもありません。その解決を暴力によらず、平和的に行えるようにすることを平和学はめざすのです。これをスキルの形成と呼びます。つまり平和的な関係を築くためには、それを可能にする能力が必要なのであって、優しい心をもつだけでは足りないのです。

ここで包括的平和教育の問題に戻ります。これが積極的平和を実現するための教育であるためには、ことさらに戦争に触れなくてもよいということになるのでしょうか。それは違うと思います。なぜなら戦争が絶対悪であるとする社会的通念はまだ国際社会に定着していないからです。国際紛争を解決するための手段としての戦争を放棄している日本国憲法は、世界的に稀有な存在であり、時代遅れどころか、きわめて先進的であったし、今でもそう言えます。

しかし反対に、戦争に触れる必要があるからと言って、反戦教育だけを突出させるということでもありません。積極的平和を実現するためには、そこに含まれるさまざまな個別の課題に取り組まなくてはなりません。繰り返しになりますが、平和の心を育てれば、すべての問題が一気に解決するなどということはあり得ません。いじめや差別、貧困などといった間接的暴力は、構造的暴力という概念で包括されますが、同時にどれも個別的な課題であって、具体的な方策を個別に講じなければ解決できません。戦争はあってはならないことを伝える平和教育もまた同じであって、平和教育全体のなかでの、大事な個別の課題なのです。

すべての分科会が平和教育につながる

これを全国保問研の分科会どうしの関係として考えてみましょう。まず保問研が掲げる「民主的な主権者を育てる保育」そのものが平和教育になっているとの共通認識が必要です。その上で各分科会は、それぞれに個別の課題に取り組むのです。その意味で、平和教育分科会は、集団づくり分科会と並んで、保問研における二つの柱であると言えます。と言っても、この二つが最も重要な分科会というのではありません。集団づくりについて言えば、保問研は集団主義保育と呼ぶべき保育を追求しており、どの分科会においても、その土台には集団づくりがなくてはなりませんが、土台だけ作っても保育が完結するものではなく、その土台の上に、さまざまな活動を展開するのが、そのほかの分科会であると言えます。また別の言い方をすれば、他の分科会はそれぞれの個別領域の課題に沿った集団づくりをするのであって、集団づくりの分科会が全体を束ねるというものではありません。集団づくり分科会も含めて、互いに役割分担をしていると言ったらよいでしょう。そして平和教育分科会も、その一つになっているのです。

平和教育分科会が保問研におけるもう一つの柱であるといった意味は、すべての分科会が集団づくりのあり方を追求していると同時に、すべての分科会が平和教育を追求しているという意味においてです。分科会としては二つあるので、柱が二つあるという言い方になりますが、集団づくりと平和教育は、互いに重なり合っています。民主的な自治集団づくりを言い換えると、積極的平和を実現するための教育になるのです。

それでは平和教育分科会が果たすべき役割は何かと言えば、一つは、ほかの分科会が知らず知らずに行っている平和教育を、自覚的な平和教育としてとらえ直すことであり、もう一つは、ほかの分科会では日常的には取り組むことができない、戦争を伝え、戦争について考える保育を中心的な課題として据えて取り組むことです。ただし戦争被害は災害ではないので、なぜ戦争は繰り返されるのかという根本的な問題について、どこまで幼児期の後半において迫ることができるのか、そのことについては、私自身は現在解答をもち合わせていません。小学校以上の教育にどう接続するかという課題もあると思います。その際に、幼児期は理屈ではなく「戦争は嫌」という感情に訴えれば良いというものではないと考えます。

またほかの分科会が知らず知らずに行っている日常的な平和教育を、自覚的な平和教育としてとらえ直すためには、平和教育分科会がほかの分科会に学ぶべきことがあると考えます。それは平和教育分科会が言うところの日常的な平和教育についての実践的研究を、ほかの分科会から学ぶことです。今回のセミナーにおいて報告された実践は、どれも優れたものではあると思います。しかし、たとえば文学や集団づくりの分科会から見たときに、ヒントを提供することができたのではないかと思えたところがありました。そのような分科会どうしの交流をはかる場として、夏季セミナーを位置付ける考え方があってもよいのではないかとも思います。

（なかしま・つねやす）

編集後記

◇携帯電話はじめメールやライン等通信手段は、格段と便利になり、いつでもどこでも誰にでもの時代となった。

昔、好きなった女子の家に電話をしたことがあった。ドキドキしながら電話のダイヤルをまわす。運良く相手が出てくれればいいが、そうでない場合、もう声がうわずって馬鹿丁寧すぎる以上に言葉を選び、へんてこりんに自分の名を告げ、～～さんなどと、普段は使わぬ相手の名前に敬称をつけて、なんとか取り次いでもらったことが忘れられない。携帯がない時代の方なら心境はおわかりいただけると思う。必死だった。

東京で全国集会を開催したとき、実行委員の連絡について、メール使用は必要最低限とし、用件は直接電話でとした。その結果、伝えづらいことや、それがため連絡が遅くなることもあったが、意識のずれや電子メールの文面を読み間違え誤解が生まれることは減っていったように感じた。ようは顔と顔をあわせ、相手と直接話すことが大事というもっともなことを、あらためて行動に移したということだった。「あらためて」としたのは、メール等の使用が普通な世代が大勢になり、もっともなことと言われていたことが、通じなくなっていたからだった。集会のサブテーマに掲げた「社会の中で子どもを大切に育てるということはどういうことか本気で考える文化をつくろう」の文言を行動にうつすため、直接話しあい「考える」、そういう文化を大切にしようということにしたわけだ。全国集会は子どもの生活だけではなく、おとなの生活や文化をも見直すきっかけとなった。

顔を見ずにことをすませることができる現代、時間の無駄かもしれないが、意識して心を通わせねばと感じる。

「昔は、昔は」で、懐古主義のようだが、ちょっと前は、物は少なく不便ではあったが幸せだった。少なくとも、顔を見ないでことをすますそうなどできなかったから、嬉しいときも、辛いときも自分で考えた。現代人はモノの洪水のなかで考えられず不幸になっていくのではと危惧する。「最後は金目」では、あまりにも悲しくはないか。だから考える。「考える文化を大切に維持すること」。今特集を読んで思ったのでR。（渡世人）

次号予告　2018年4月発行予定

特集　**第57回全国集会分科会提案**

【分科会】乳児保育、集団づくり、あそび、運動、食、文学、美術、音楽、科学、保育計画、保育時間と保育内容、保育政策と保育運動、障害児保育、父母と共につくる保育内容、乳幼児期の平和教育、地域に開かれた保育活動、（特別分科会）異年齢保育

季刊保育問題研究 289号
2018年2月25日発行
定価（本体800円＋税）
編　集　全国保育問題研究協議会編集委員会
編集委員長　入江慶太
発　行　（株）新読書社
〒113-0033　東京都文京区本郷 5-30-20
TEL：03-3814-6791　振替 00150-5-66867
デザイン･DTP：追川恵子 藤家敬／印刷：日本ハイコム（株）